行走的东坡

（音乐诗剧）

左芝兰　著

文汇出版社

图书在版编目（CIP）数据

行走的东坡 / 左芝兰著. —上海：文汇出版社，
2018.8
ISBN 978-7-5496-2503-1

Ⅰ.①行… Ⅱ.①左… Ⅲ.①苏轼（1036-1101）—
传记 Ⅳ.①K825.6

中国版本图书馆 CIP 数据核字（2018）第 058612 号

行走的东坡

著　　者／左芝兰
封面题字／沛　丁
责任编辑／徐曙蕾
封面装帧／张　晋

出版发行／文汇出版社
　　　　　上海市威海路 755 号
　　　　　（邮政编码 200041）
经　　销／全国新华书店
排　　版／南京展望文化发展有限公司
印刷装订／上海颛辉印刷厂
版　　次／2018 年 8 月第 1 版
印　　次／2018 年 8 月第 1 次印刷
开　　本／880×1230　1/32 开
字　　数／110 千字
印　　张／6.125

ISBN 978-7-5496-2503-1
定　　价／35.00 元

目　录

题解（代序）

　　选择表现这样一个人物其实是很自不量力的，因为他太完美，太智慧，是中国知识分子心目中的完美人格，在政治上，本着一颗赤子之心，为国为民；在艺术上，横跨诸多领域，并独领风骚，令人难以望其项背；在工程、水利甚至是在饮食上都有不俗的足迹。在朝廷，他透析利弊，识见深远；在田间，他与垄头乞儿谈天，浑然无别；他秉持儒学、出入佛老；他重情、他尚义；他体察生活中的每一丝苦难也化解每一丝苦难，在厄运中达观，在困境中坚持，在顺境中警醒……他，如此地热爱生活。

　　所以写他令人战战兢兢、常怀畏惧。

　　可到底，他毕竟是一个寻常人，只是活出了不寻常的高度。

　　苏轼自二十岁左右出仕，一生历经仁宗、英宗、神宗、哲宗、徽宗五朝，身处新旧党争之间，沉浮升降，动荡飘忽，从凤翔、杭州、密州、徐州、湖州、颍州、扬州、定州的州守到身为罪臣的黄州、惠州、儋州，最后身老常州，足迹几遍及大半个中国。对苏轼而言，这一生是行走的一生，是在路上的过程，也是他的思想逐渐定型的过程。他更像是一个纽带，把当时的大宋朝廷和底层的黎民连接了起来，把一个文人与一个行政长官一个实干家联系了起来，也把诗词歌赋书画文章诸多艺术门类气脉打通，浑然一体又自成一家，没有这些路上的颠沛流离，就没有我们如今见到的东坡。

所以冠之曰"行走的东坡"。

我们所做的就是这样一项工程：试图回溯苏轼的足迹，来发掘这个时代的赤子、历史的巨子在这样的行走中，历经了哪些磨难、困惑，经历了怎样的咀嚼和研磨，最后成为了这样一颗文学史上、艺术史上、大宋政坛上难以湮灭的巨星。他光明磊落的人格、卓尔不群的个性，他政治理想的坚守，他为国为民的热忱……于我们后学，这也是一个行走的过程，是一个寻找的过程，是一个阅读、理解、接纳并效行的过程。

是以名曰"行走的东坡"。

左芝兰

2018.1.8

主要人物

苏　轼：男高音,字子瞻,贬谪黄冈后号东坡,任情随性,冲动激情,
　　　　后期坚韧通透、平淡冲和。热爱生命,故而充满悲悯,有民
　　　　胞物与的情怀,高亢独立的勇气和渊停岳峙般的坚持。剧
　　　　中年龄25—66岁。

苏　辙：男中音,字子由,苏轼弟,少轼两岁,为人沉静、内敛、坚忍、
　　　　耿介,长期沉寂下僚,后官至副宰相。是苏轼在经济和精
　　　　神上的坚实后盾。

苏　洵：男中音,任情随性、不拘俗礼。剧中年龄60岁左右。

宋神宗：男高音,有主见、有魄力,英武神勇,锐意进取。20—38岁
　　　　在位。

王安石：男次高,字介甫,执拗、理性、坚决,也独断,为人光明磊落,
　　　　有独抗洪流的勇气和坚持。宋神宗时期主持变法,曾被封
　　　　为"荆国公",故人称王荆公,两次罢相后归隐。剧中年龄
　　　　40—60岁左右。

司马光：男中音,字君实,为人理性、沉静,智慧、温良谦恭、刚正

不阿,也固执己见。与王安石年龄相仿,反对王安石变法,主持编纂《资治通鉴》,元祐时期主持朝政,主张全面废除新法。卒于宰相任上,赠太师、温国公。剧中年龄 40—69 岁。

欧阳修:男中音,苏轼宗师,字永叔,号醉翁,晚年号六一居士。北宋文坛领袖,举荐人才不遗余力,官拜枢密副使、参知政事,后受御史不公弹劾,告老致仕。长司马光 10 岁左右。

王　珪:男中/低音,蜀地人,朝廷老臣,为人深沉老辣,与欧阳修年龄相仿。

吕惠卿:男中音,新党新贵,弄权取巧。

宋哲宗:男高音,极端偏激,叛逆独断,剧中出现时 11 岁左右。

苏　迈:男中音,苏轼长子,少年老成,坚忍务实,陪伴苏轼经历了乌台诗案和黄冈岁月。剧中乌台诗案爆发、黄冈出现时 20—25 岁左右。

苏　过:男次高,苏轼少子,聪慧机敏,长于书画,尤精棋艺,陪伴苏

轼惠州、儋州岁月,剧中黄冈出现时 8 岁,惠州、儋州时
22—30 岁。

王朝云:女高音,苏轼妾,人聪慧多情,善解人意。与苏轼甘苦与
共,35 岁死于惠州瘴气。徐州出现时约 18 岁。

王　弗:女次高,苏轼第一位夫人,兰心慧质,情才兼美,早逝。剧
中出现时 25 岁左右。

王闰之:女中音,苏轼第二位夫人,朴实贤淑,清贫淡泊,陪伴苏轼
地方辗转,黄冈贬谪,也陪他度过了极风光的元祐复出时
代,死于苏轼离京,赴定州军之时。剧中年龄 21—46 岁。

高太后:女中音,神宗之母,哲宗即位后摄政,力主废除新法。剧中
曹皇后亦由其饰演,50 岁左右。

程夫人:苏母,女中音,慈惠贤德,深受二子敬重。剧中 50 岁左右。

陈　慥:男中音,字季常,苏轼好友,少年豪侠,鲜衣怒马,挥金
如土;中年后隐居黄冈,柴门疏食,号方山子,比苏轼
年少。

陈夫人：女高音,陈慥夫人,豪爽大气,举止粗放,女中丈夫。

吴复古：男中音,隐者,苏轼同乡、好友。比苏轼年长,父执辈。

参　寥：男中音,道人,苏轼好友,其形瘦削、高古。

佛　印：男次高,和尚,苏轼好友,其形中胖、圆融,幽默戏谑,乐观
　　　　通透。

王　巩：男次高,字定国,名相之孙,风流倜傥,剧中与苏轼年龄相
　　　　仿、略年轻。

另有：小孩10人左右,先后扮演黄冈顽童、黎族学童。

　　　百姓10人左右,集中出现在开封灯市、徐州抗洪、惠州建桥
　　　等处,部分兼扮程颐、潘丙,道士、狂生,黎族好友以及皇帝近
　　　侍、朝臣等。

序歌

雁南飞

雁南飞
又见雁南飞
秋风白芦苇

何时归
问君何时归
一杯黄花醉

主旋律

风雨对床之约

那个秋凉的夜晚
风声萧瑟催促着鸣蝉
我们温习书卷
把古今都推到了眼前

那个破旧的驿站
雨点在瓦楞上飞溅
我们下笔千言
把大宋山河付诸笔端

昏黄的灯盏
破旧的驿站
可雄心啊
像掠过汪洋的海燕

单薄的衣衫
清绝的容颜
可人生啊
像天空一样壮阔无边

经历了多少秋天
辗转了多少驿站
什么时候，
才能重温那个夜晚

沐浴了多少风雨
聆听过多少秋蝉
什么时候
才能重回儿时的家园

第 一 场

如凤在翔

序幕：凤翔·凤在翔

【怀远驿,夏末秋初

（苏轼苏辙20多岁）

【夜,开封城怀远驿馆,时已入秋,然暑热未退,室外蝉鸣、虫声尚在。室内两盏昏灯,苏轼苏辙二人各据书案一端,正作应制科试准备。

【兄弟二人虽均夏衣装扮,仍汗湿衣衫,二人时而执笔深思,时而翻阅书卷,起身踱步。

【灯火摇曳,室外风声渐起,树叶悉悉簌簌的声音

【忽风雨大作,风声、雨声、落叶声,灯火不住摇曳,二人同时望向窗外

苏辙：入秋了。

苏轼：秋之为声也,初淅沥以萧飒,忽奔腾而砰湃,如波涛夜惊,风雨骤至。

苏辙：其触于物也,鏦鏦铮铮,金铁皆鸣;又如赴敌之兵……

【苏辙一阵猛烈的咳嗽,苏轼翻出行李里的夹衣,为苏辙披上,怅然望西南

苏轼:不知今夜眉州,是否亦秋?

苏辙:(又是一阵咳嗽),记得儿时母亲教我们读《范滂传》,如今我们还没能成为范滂,反让母亲似范母一样孤单。

苏轼:真成为范滂也无妨,只是今日苦斗,不过是为了步入仕途,然一入仕宦,恐怕身不由己,辗转天涯。"哪知风雨夜,复此对床眠。"

苏辙:哥哥,待你我奋斗一番,定要早日回乡,重寻儿时旧梦!

苏轼:(怅然)"故乡飘已远,往意浩无边。"子由,我们今日是为了什么? 摆脱贫困、寻求富贵?

苏辙:一个梦,一个佐君尧舜、富国强兵的梦!

苏轼:一个梦,一个奋力当世、致天下太平的梦!

【兄弟二人转身继续温书,时而疾书,苏轼起身吟哦。

苏轼:人不可苟富贵——

苏辙:……亦不可徒贫贱——

【光转。朝堂上,兄弟俩侃侃而谈,志气如虹,昂首于权势之外。

【制科考试场景,三个场景同台出现:三个场景的声音大致同步,间有参差。

A 兄弟二人应策自如,酣畅淋漓;

B 群臣赞不绝口;

C 仁宗喜不自胜。

(仁宗只作为符号存在,由一个虚幻的不断运动的光影表现)

【接上,苏轼兄弟画外音《上两制书》

苏轼:轼所学者圣贤之道,所习者圣贤之言,所守者圣贤之分——

苏辙:故敢踽踽而来,仰不知明公之尊,俯不知其身之贱——

苏轼:不由绍介,不待辞让,而直言当世之故、无所委曲者,以为贵

　　　贱之分,非所以施于此也。

【兄弟俩应策试的场景与朝臣反应等同步,但又是一个虚拟
的相对独立的空间,似不受他人干扰,前后左右方位随情绪、
表达走近走远,自由跳出跳进。

苏轼:方今天下,非有水旱盗贼人民流离之祸,而咨嗟怨愤,常若不

　　　安其生;

苏辙:非有乱臣割据四分五裂之忧,而休养生息,常若不足于用;

苏轼:非有权臣专制擅作威福之弊,而上下不交,君臣不亲;

苏辙:非有四夷交侵边鄙不宁之灾,而中国皇皇,常有外忧;

合:此臣之所以大惑也。

【众臣有的诧异,面面相觑;有的惊喜,嘉许。仁宗为其吸

引,颇为留意

苏轼：夫君者,天也。"天行健,君子以自强不息!"

苏辙：天之所以刚健而不屈者,以其动而不息也。

惟其动而不息,是以万物杂然各得其职而不乱。

苏轼：其光为日月,其文为星辰,其威为雷霆,其泽为雨露,皆生于
动者也……

苏辙：苟天子一日赫然奋其刚健之威,使天下民知人主欲有所立……

苏轼：则智者愿效其谋

苏辙：勇者乐致其死

二人合：纵横颠倒,无所施而不可……

【众老臣欣慰,议论纷纷

司马光：其言诚恳直切,直陈朝廷过失,非知国爱君者不能如此。

欧阳修：拳拳之心,耿耿深情,非至诚磊落之人不能如此。

韩琦：此科抢才,真可谓英才辈出,俊杰连行!

仁宗：朕今日如获麟凤! ……

富弼：(向仁宗)恭喜陛下,今日得国之大器!

【仁宗喜不自胜,笑声朗朗。曹皇后因其高兴而更加喜悦
(仁宗和曹后都是只闻其声,未现其形)

曹皇后(画外音)：臣妾很久没见皇上这么高兴了!

仁宗：吾今又为子孙得太平宰相二人！

【伴随着仁宗爽朗的笑声，光影渐驻，渐隐于无

【远处川剧锣鼓声起，隐隐约约、若有若无

【众臣亦四散，边走边议。欧阳修与范镇交流

欧阳修：读苏轼书，不觉汗出，快哉！快哉！

范镇：（笑对欧阳修）三十年后，不复有人知道欧阳修也！

欧阳修：（笑，捋须）老夫当避路此人，放他出一头地也！

【王安石绰立一旁，漠然

王安石：此文有策士之风，我为考官，必黜之。

【众人声音渐小，局部收光。远处川剧锣鼓，声音隐约、绵密

【光收光起，怀远驿背景，简陋萧瑟依然，却充满喜气，喜悦
和梦想冲破了屋顶。

【苏轼苏辙从后区走向前区，兄弟二人的声音再次凸显，二
人心雄天下，志气如虹

苏轼：（坚定、热情）敢以微躯，自今为许国之始！

苏辙：（坚定、热情）敢以微躯，自今为许国之始！

【川剧锣鼓依旧，由远而近，渐大

【兄弟二人兴高采烈地向父亲汇报殿试情境

苏轼/苏辙：父亲！

苏轼：朝堂上真是群星闪耀，今日我们见到了景仰已久的富弼、司马光！

苏辙：还有声震夷狄，人称"韩范"之一的韩琦！

苏轼：恩师风采依然，只可惜范文正公已无缘再见。

【川剧锣鼓继续，渐闹，苏洵看着漩涡中心的两个儿子，感慨万千，喜悦中又有着些微的自嘲

苏洵：俩小子真是不赖啊——

　　　莫道登科易，老夫如登天。

　　　莫道登科难，小儿如拾芥。

（画外音，学子）：六国破灭，非兵不利……

【幕后传来学子诵读声，有学子拿着书卷从台前过，边诵读边深思

苏轼：父亲，你的《六国论》更是洛阳纸贵，士人们争相传诵。

苏辙：开封书肆已经全告售罄了！

【学子继续诵读《六国论》，声音夹杂川剧锣鼓声中，时起时落

学子1：战不善,弊在赂秦。

学子2：赂秦而力亏,破灭之道也。

学子3：夫六国与秦皆诸侯,其势弱于秦,而犹有可以不赂而胜之之势。

【苏洵颇得意,指着驿站里的其他几个人

苏洵：今天,前来问学的络绎不绝,他们,已经等了很久了

【学子诵读声又起,后渐消于后起的朝报声中

学子4：苟以天下之大,而从六国破亡之故事,是又在六国下矣。

【学子诵读声渐消于后起的朝报声中
【伴随紧锣密鼓,渐至最热闹处,每敲一下,朝报报一声,在鲜花着锦之盛中,又暗潜着一种盛极转衰的说不出的哀切凄凉

朝报声：嘉祐元年八月,苏氏兄弟应举人试,苏轼第二
          嘉祐二年正月,苏氏兄弟应省试,同登进士第,苏轼第二
          嘉祐二年三月,殿试,考《春秋》对义,苏轼第一
（回音）
          苏轼第一……第一……

【破落的驿站人来人往,一时英才俊杰汇聚、名流如云。

直至暮色四起,方趋安静,暮色中,一群小孩跑过,留下一串童谣

童声:苏文熟,吃羊肉

　　　苏文生,吃菜羹

【依旧锣鼓,绵密,音色渐转,童谣声像风一样,倏远倏近

【光转,深夜的驿站,锣鼓声大了起来,隐约入唢呐声,意绪悲凉,不可名状

【有人白衣白马,夜叩驿站,敲门声急促突兀,光渐收

【静默中,大河隐约,王弗的声音传出

(王弗吟唱《子瞻,母亲去矣》)

王弗:三月桐花落

　　　我母劳矣

　　　五月桐凤堕

　　　我母忧矣

　　　风吹纱縠行

　　　霜被萱颐山

　　　子瞻,

　　　母亲去矣

　　　母亲去矣

堂上空矣

子瞻、子瞻

魂无归矣

哀无日矣

【王弗的声音戛然而止,一切断裂、消失

【只有唢呐声尾音不绝,后区江水轮廓隐现

【光起,唢呐声中,苏洵手拎写满字的长卷,呆立、老迈,向后

区走去,长长的长卷拖在后面

【苏轼兄弟渐入光区,尾随其后,父子三人离京,黯然渡河,

光随影消淡,只有眼前大河浩荡,远处天光微茫

【苏洵画外音。

(苏洵吟唱《祭亡妻程氏》,节选苏洵原作《祭亡妻程氏文》)

苏洵:与子相好,相期百年。

不知中道,弃我而先。

嗟子之去,曾不须臾。

子去不返,我怀永哀。

……

【吟诵声音转大转小,为童声淹没。童声为二重合唱,童声

清亮急促,越来越快

童声(合)1:嗟予老矣,四海一身。

童声(合)2：嗟予老矣，四海一身。

童声(合)1：昔予少年，游荡不学，

童声(合)2：昔予少年，游荡不学，

童声(合)1：我知子心，忧我泯没。

童声(合)2：我知子心，忧我泯没。

童声(合)：呜呼死矣，不可再得！

童声(合)：不可再得！

不可再得……

【童声画外音随波摇曳，远处传来苏洵一声悲怆的哀嚎

苏洵：呜呼死矣，不可再得！

【随着苏洵悲怆的声音结束，长卷扬起，一点点地没入河中，河中字幕浮现

【字幕随大河浮沉：一丝音乐尾音起，又渐渐细到没有

水面字幕：嘉祐二年四月，程夫人病逝

嘉祐八年三月，仁宗薨

治平二年五月，王弗病逝

治平三年四月，苏洵病逝

治平四年正月，英宗薨，神宗即位

【收光

【光起,河两岸,上述故人提着灯笼在两岸、在中流错落出现(画外音)(多人轮唱《他们来了》)

程夫人:他们来了! 也许是另一个范滂!
苏　洵:他们来了! 怀揣着恢弘的梦想!
王　弗:他们来了! 从此明月千里相望!

【仁宗、英宗于不同方位出现

仁宗:他们,我的宰相、我大宋的脊梁!
英宗:他们,我的翰林、我大宋的荣光!

【河的这头,神宗一身戎装,非常瞩目,年轻、高调,神情坚定、明确,充满期待

神宗:我,等你们很久了!

【强光,众人消隐,苏轼兄弟分头从河的那边走来
【政局变化,场景亦虚亦实。兄弟俩各自辗转盘桓,有时擦肩而过,有时隔山相望。
(苏轼兄弟对唱《那是我们第一次离别》)

苏轼:那是我们第一次离别
苏辙:你去了凤翔,我留在了京阙

苏轼：那是我们第一次离别

　　　　你骑着瘦马，踏着残月

　　　　我登上高岗，看你孤独的背影如此瘦削

　　　　头上的巾帻，在天边出没

　　　　沉默的外表，不苟于人却是如此的坚决

苏辙：那是我们第一次离别

　　　　我心忧老父，匆匆作别

　　　　你赴任凤翔，登上仕途的第一个台阶

　　　　车马隐隐，驶向荒凉的边塞

　　　　飘忽的人生，从此摆开奔波的序列

苏轼：那是我第一次目睹大宋的西北

　　　　村落萧条，处处是劫后的荒野

　　　　赤贫的人民，活得如此苦涩

　　　　西夏的洗掠

　　　　公务的繁琐

　　　　磨砺了年轻气盛的迫切

苏辙：那是我第一次遭受仕途的挫折

　　　　壮心满怀，也曾被失落所堵塞

　　　　耿介的性格，却并不因此弯折

　　　　闲置的三年

　　　　涵养了意志

　　　　报国的初衷却更加热烈

苏辙：当年暂宿渑池，我们曾题诗于精舍

苏轼：而今墙坏塔新，飞鸿雪泥世事更迭

苏辙：当年名扬科场，还有严父慈母在侧

苏轼：而今驾鹤西去，与我们早已阴阳两相隔

（合）：阴阳两相隔

苏辙：从今而后，父与兄再无分别

苏轼：从今而后，家与国再无分别

（合）：不忘初心许君报国

　　　　不忘圣祖恩师大力提携

　　　　不恋俸禄只求一腔热血

　　　　不阿于世将这脊梁挺得凛冽

苏轼/苏辙（合）：那是我们第一次离别

　　　　　　　　身在他乡，眼里却饱含温热

　　　　　　　　仕宦天涯无论风光如何奇绝

　　　　　　　　不忘昔年风雨对床之约

（苏轼兄弟聚合，对白）

苏轼：这十年，世事更迭，我们从京师辗转州守。

苏辙：这十年，白云苍狗，我们从儿子变成父亲。

苏轼：三年无日不思归，梦里还家旋觉非

苏辙：也许，这就是我们兄弟一生盘桓的开始。

苏轼：也许，这也是我们兄弟一心许国的开始。

　　　子由，可还记得怀远驿？

苏辙：焉能忘记？"敢以微躯，自今为许国之始！"

苏轼：敢以微躯，自今为许国之始！

苏辙：听说当今天子，英武进取，正准备锐意变革。

苏轼：天下承平已久，久则思变，况积弊深重，怎能不革？

【光收，旋即大亮

第一幕：花灯·万言书

【接上

【光收，旋即大亮

【神宗画外音，声音宏大、坚定

神宗：（承前苏轼语）天下承平已久，积弊深重，怎能不革！

【神宗出场，一身戎装，英武异常。正持卷诵读苏轼的《思治论》

神宗：世有三患，终莫能去：

　　　一，天下常患无财；

　　　二，战不胜，守不固，天下常患无兵；

　　　三，选举法严，考铨之法坏，天下常患无吏。

【神宗沉思、赞赏，顾左右（隐于暗中）

神宗：有这样的臂膀，何愁大宋不强？

【神宗再阅,抬头,目光穿越剧场,瞭望前方

神宗:我,

　　要建立一个强大的帝国!

(神宗咏叹调《我要建立一个强大的帝国》)

神宗:我,

　　要建立一个强大的帝国

　　我要一洗燕京兵败之辱

　　我要一雪宝器掠夺之耻

　　我要一报太宗箭疮之恨

　　我要这边境固若金汤

　　我要这土地和乐安详

　　我要这国家民富兵强

　　你看这璀璨的星空

　　你看这纯良的子民

　　你看这不朽的基业

　　你看这锦绣的河山

　　我要兴利除弊革故鼎新

　　我要拓展疆土沃野千里……

我要思慕贤臣

我要厚遇良将

(最后一句,斩钉截铁)

我!

要建立一个强大的帝国!

帝国……

(回响不绝)

【话音刚落,群臣齐诵,声音整齐、响亮

众臣:陛下圣明!

【灯大亮

【神宗面对一帮老臣,颇踌躇满志

神宗:养兵备边,府库不可不丰!

【一帮老臣顿了一下,彼此对视,复又齐诵

众臣:陛下圣明!

神宗:(观察)当今理财,最为急务……(揣测、试探语气)

【一帮老臣继续齐诵

众臣：陛下圣明！

神宗：(稍不耐)大臣宜共留意节用。

众臣：陛下圣明！

神宗：(斟酌,试探,决然出口)天下弊事甚多,不可不革！

众臣：(有点犹豫,参差不齐)陛下——圣明！

【神宗有点光火,强自忍耐,转向文彦博,满怀期望

神宗：革除弊事,从何入手？

文彦博：(泛泛赞同)譬如琴瑟不调,必解而更张之。

神宗：如何解而更张？

文彦博：陛下即位未久,当施恩泽于民。

神宗：(步步紧逼)施泽自是必然,问题是国库紧张,如何解决？

【文彦博无语,不置可否

【神宗不甘,四望,用眼光询问其余大臣

【众眼锋回避、无语,神宗略皱眉,转向富弼

神宗：爱卿,你告诉我,该怎么做？

富弼：人君好恶,不可令人窥测。

【神宗气闷,又不甘,追问

神宗：这是御臣之术，我要的是强国之法！

富弼：此非一日之功，宜徐图划。

神宗：(气盛)西夏虎视，边廷不宁，家仇国恨，徐到何时!?

富弼：(坚持)干戈一起，所关祸福不细。

【神宗大不以为然，转向另一老臣，老臣不待问而答

老臣甲：不仅不能轻动干戈，亦不宜重赏边功。

老臣乙：边事一起，饷银流如大水。

老臣丙：目前国库吃紧……

老臣丁：愿二十年口不言兵……

【年轻的神宗沉默、失望，站在一群老臣中间，孤独，醒目，看到司马光，眼睛一亮，寄期望于他

神宗：卿曾指出差役法诸多流弊，敢问如何革新？

司马光：臣以为首要修身：一曰仁爱，二曰明智，三曰勇武……

【神宗不耐烦，强自忍耐

司马光：治国之三本，一要选贤人，二要赏必信，三要罚必严……

【司马光说完，沉默不语，神宗用眼光询问

神宗：完了？

司马光：臣毕生所学皆在其中。

【神宗愤愤不平，有点被欺骗的感觉

神宗：修身、治国重要，当前，强国更急迫！

司马光：（坚持）立身、治国当先于强国！

神宗：太宗兵败受箭，宫嫔被掳；岁岁纳币，民生困顿。国恨家仇，
　　　为人子孙者，能这样无动于衷的吗？

韩琦：非是无动于衷，实则欲举兵而兵不足，欲足兵而饷不济……

神宗：那又回到开头：政事之先，理财为急！请问如何理财？

老臣甲：当节用……

神宗：宫中日常用度，已经自产自给了。

老臣乙：军中用度，耗费巨大。

神宗：那就开源！

【众臣默然，神宗稍缓和

神宗：不谈开源，节流于事无补。

【众依旧无语
【神宗失望之极，长叹

神宗：苏轼兄弟，丁忧期快满了罢？

韩琦：正在回京路上。

【话音刚落，光起，光收，诸人定格，苏轼兄弟一路过来

苏辙：哥哥，庆历隽士锐气勃发，嘉祐英才辈出，何以国运依旧趑趄
　　　不前？
苏轼：国家承平日久，果于有为者少，乐于无事者多。
苏辙：所以大家多耽于苟安，但求逸乐？
苏轼：（点头）天下之未平，英雄豪杰之士，务以其所长，角奔争利，
　　　唯恐天下一日无事，是以人人各尽其材……
苏辙：（明白，接口）天下既平，则隐刚健好名之士，进柔懦谨畏之人
苏轼：如此，则能者不自愤发，而无以见其能；不能者益以弛废而
　　　无用。
　　　（缓，感叹）此其为国家之患，岂特英雄豪杰之士而已哉。

【光收，光起，苏轼兄弟定格，渐隐，神宗问韩琦

神宗：此论如何？
韩琦：（比较持重，不以为然）书生之言，不足大用。

【神宗不甘心，怅然，失望

神宗：朕欲有所为，然——
　　　何以左右一片沉寂？

【神宗环顾满朝大臣,个个皆沉默,有欲言者,终顾左右而默然,光柱中群臣渐隐没,最后剩下光柱中的神宗,独自面对一片哑然,默然徘徊,失望、苦闷。

【一个坚定清晰的声音出现,光柱中王安石出现,冷静而执着

王安石:当今之计,唯有变法

神宗:(眼睛一亮)变法?

王安石:变法!

神宗:治国以何者为先?

王安石:择术为先。

神宗:唐太宗何如?

王安石:陛下当法尧、舜,何以太宗为哉!

【神宗情不自禁地上前,接近王安石

神宗:虽然,唐太宗有魏征,汉昭烈有诸葛亮,然后尚可以有为——
　　　然魏征、诸葛并不常有……

【王安石率然而对,步步切入

王安石:陛下能为尧、舜,则必有皋、夔;
　　　能为高宗,则必有傅说。
　　　天下之大,何患无人?

唐太宗、汉昭烈,何足道哉!

王安石:(稍顿)陛下若择术未明,推诚未至,虽有贤者,亦将为小人
　　　　所蔽。

神宗:何世无小人?

　　　虽尧、舜,亦不能无四凶。

王安石:能辨四凶而诛之,

　　　　此其所以为尧、舜也!

【神宗有点激动、欣喜,不觉走下高高的石阶,走向王安石,
大有相见恨晚之意

神宗:(大喜)卿当悉心辅朕,

　　　　　　朕,亦必不负卿!

王安石:陛下!

　　　　大有为之时,正在今日!

神宗:请详言之!

王安石:变风俗,立法度,正方今之所急也。

【其余诸人暂隐,王安石侃侃而谈

王安石:今天下之财力日以困穷,风俗日以衰坏,患在不知法度,不
　　　　法先王之政故也。
　　　　因天下之力,以生天下之财,取天下之财,以供天下之费,
　　　　自古治世,未尝以财不足为公患也,患在治财无其道尔。

029

【王安石声音渐小

【光柱现,老臣质疑,辩论

(多声部对唱《变法》)

司马光:为治在得人,不在变法!

欧阳修:故当急于求人,而缓于立法。

神宗:人与法一相表里耳。

司马光:苟得其人,则无患法之不善;

　　　　不得其人,虽有善法,亦必失之于施也。

神宗:王安石即为其人。

吕诲:介甫好学而泥古,不通世务。

富弼:介甫凭一己之力,如何推动变革?

【王安石绰立一旁,冷眼、冷言

王安石:尔等溺于安乐,当初庆历革新之勇气安在?

王安石:在廷之臣,庸人则安习故常而无所知,

　　　　奸人则恶直丑正而有所忌。

【众臣愕然,面面相觑

臣1:我等非奸即庸?介甫言之太甚!

臣2:独夫之论!

欧阳修:治天下,譬如居室,

敝则修之，非大坏则不更造；

王安石：（不屑）天下风俗法度颓坏，从何修起？

欧阳修：大坏而更造，非得良匠、美材则不成。

今二者皆无，臣恐风雨之不庇矣。

王安石：（哂笑）现已不庇风雨矣！

神宗：（调和气氛）到底是祖宗之法……

王安石：（打断神宗）若陈陈相因，则祖宗之法又从何而来？

王安石：（转向神宗）在廷之臣，尽皆迂腐保守，

凡事如何得立，如何得行?!

【众臣勃然

臣2：介甫欲使陛下与群臣为敌！

臣3：（摇头）大奸似忠，大诈似信。

众臣：（愤愤不平）陛下！误天下苍生必斯人也！

王安石：（率然独断）公辈坐不读书耳。

【王安石说罢转身退后，昂然而立，不屑与众臣再做讨论，以
一人之力与众臣形成对抗，舞台格局极不平衡
【众皆摇头，俩俩议论。王安石默然，复出声

王安石：陛下！

天变不足惧，

人言不足恤，

祖宗之法不足守!

【众臣愕然,定格不动

【收光

【光转,苏轼与神宗

神宗:你也反对变革?

苏轼:非反对变革,是反对变法太急,士夫沸腾,黎民骚动。

神宗:安石的主张,强国富民,目标高远。

苏轼:目标高远,更应步步谨慎,因循而行。

　　　然安石推行过猛,一波未平,一波又起,恐再难平静。

神宗:严刑峻法,本当有雷霆之势。

苏轼:朝廷的微风细雨,波及百姓,便俨然雷霆,况朝廷之雷霆乎?

神宗:取乎其上,得乎其中,总好过无所作为。

苏轼:臣担心得乎其下,抑或下之其下又远矣。

神宗:变革,总得有先驱者。

苏轼:先驱者易,一腔热血,大不过一死而已。

　　　后继者难,置身名利势位之外,为国为民、光明磊落的后继者
　　　尤难。

【神宗沉思

神宗:如此,则徒有拳足,反受群殴?

苏轼:时有可否,物有废兴,待风俗之变,然后法制随之。

譬如江河之徙移，顺势而下。

【苏轼慷慨陈词，使神宗为之悚然动容，稍顿

神宗：方今政令得失安在？

苏轼：陛下天纵文武，不患不明、不勤、不断，但患求治太速。

神宗：求治太速如何？

苏轼：求治太速，则进人太锐，

　　　进人太锐，则听言太广，

　　　听言太广，则莫衷一是，时局动荡。

神宗：朝中老臣并不支持安石变法。

苏轼：然朝中新贵确是凭借了变法之力。

【神宗哑然，苏轼缓和语气

苏轼：介甫陷于孤立，则急功近利之徒易投其所好，新法易成进身

　　　之阶。

苏轼：变革关系到的是国家的安危，不是实现个人的理想。

【神宗凛然

【苏轼区光灭，王安石现

王安石：苏轼流俗之见！

王安石：大宋积弊已深，焉能镇以安静，徐图缓行？

王安石：今奸人欲阻陛下之所为。陛下要以正道胜流俗！

王安石：流俗权重，则天下归流俗；

　　　　陛下权重，则天下归陛下。

【神宗凛然一惊。（此处神宗震惊在于意识到皇权的掌控）

【众臣声音渐大渐小，起起落落，嘈杂纷纭

众人：（此起彼落）犟牛！犟牛！

众人：（众口一词）拗相公！

【光柱由少到多，此起彼落，老臣们开始请辞，或求外放，或
告老，声音不绝于耳

老臣1：臣才疏，求陛下地方安置

臣2：臣年迈，请陛下准予告老

臣3：臣志在为学，请陛下准予闭门著述……

臣4：臣……

臣5：臣……

【神宗黯然、为难、徘徊，迎头碰上王安石，王安石打气，强
硬、坚持的声音不绝于耳

王安石：陛下欲有所得，当必有所舍！

王安石：陛下若用臣，则先必信臣！

王安石：陛下，君臣一体，何愁变法不成？

王安石：陛下！

　　　陛下要变革，当矫首流俗之外！

【王安石意气风发，强硬执拗，开始擢新除旧，朝廷一时人事纷纭

【字影出现，擢拔新人免除旧职的任命铺天盖地而来，辅以嘈杂的音乐

【擢拔任命新党的文字伴随着任命的声音，由光投向舞台空中，像白雨点打在石板上一样，声音、字幕虚虚实实，不宜太清楚，个别中坚人物的名字比较清楚，如"吕惠卿""章惇""李定"等，但也只是在沉浮起落中乍现，一晃而过

【舞台一侧，苏轼立于亭口，饯别友人，远行的人来往不绝

【音乐全消，声响全无，唯见亭口、江头送别，此处形如哑剧表演

【苏轼送别苏辙、文同……友人逐渐零落，留在一边的苏轼神情愈发萧索

【与苏轼送别同步，舞台另一侧，王安石矫首昂然，孤独而倔强，周围有诸多的新鲜面孔沿阶而上，奔走攀附

【两人在不同的轨道，擦肩而过，二人对视片刻，无语，继续前行

【最后只剩下苏轼一人，面向虚空，黯然、落寞，好友的画外音响起

（画外音，嘱咐）：子瞻，慎言、少言、不言！切记、切记！

苏辙：（画外音，嘱咐）哥哥，要不言、少言、慎言。切记、切记！

【音乐如游丝般起

【神宗忽明忽暗，有点抑郁

【三人各据一方，在眼前，更似在天边

王安石：陛下，臣主张改科举，

　　　　免诗赋，考经义论策。

　　　　改贡举法，废明经，试律令、刑统大义。

神宗：此举关乎天下读书人，宜交众臣商议。

【光转

苏轼：得人之道，在于知人，

　　　知人之法，在于责实。

　　　取士的准则，最重要的是德行与文章。

　　　德行，不是考试能考出来的。

　　　文章，确实策论有用，诗赋无益，

　　　然就政事而言，诗赋、策论，皆无用。

　　　自唐至今，以诗赋为名臣者，不可胜数。

　　　如今变更，徒费民力，

　　　且陛下，何负于天下读书人而必欲废之？

【苏轼剖析要害,说中神宗心事,神宗为之动容

神宗:(大喜)卿所言极是,朕本有疑,现心中了然。

【光转,神宗对王安石

神宗:欲用苏轼为修起居注。如何?
王安石:书生好横议国是、大言乱政,不足用。

【静默
【光转,夜,苏轼与神宗相对,神宗疲惫,困惑

神宗:请直言当下。
苏轼:盲人骑瞎马,夜半临深池。

【神宗听了,不禁为之悚然,远望,茫然,更声传入

苏轼:臣愿陛下解辔秣马,以须东方之明。

【君臣默然良久,神宗将案前烛递与苏轼

神宗:天黑路滑,小心脚下……

【光转,王安石声音先传入,然后出现,渐暗

王安石：轼才高，然所学不正，故危言耸听。

【神宗不语，远处灯火暗浮

【收光，黑场，黑暗中苏轼举灯盏远去

【黑暗中先后传来神宗和王安石的声音

（画外音）

神宗：苏轼，你……也走吧，法，还是要变的。

王安石：子瞻，你还年轻，到开封历练，处理些实际的政事吧。

【光隐，苏轼手持烛台，渐隐于城楼暗影

【光线渐浮，苏轼出现在楼台之上，夜观开封城，天空，星稀小

【元宵前夕的开封城，灯火摇曳，星星点点

【花灯越来越多，游走变化，恍若星河。均衡热闹的格局渐渐发生不均衡变化，向后区高台汇聚

（说明：此处可通过黑衣者舞台上舞灯来表现）

【舞台上，一侧花灯零落，越来越稀疏，渐次熄灭，另一侧，崇宇巍峨，璀璨如白昼

【苏轼立于高处，张望，不免奇怪，王闰之拿一半臂上，为苏轼披上

（苏轼、王闰之对唱《元宵无灯》）

苏轼：何以今年元宵，

城中黑灯瞎火,宫中灿若白昼?

王闰之:今日街市听闻,宫中欲购花灯。

全部减价"拘收",不得私下扣留。

是以世人瞩目的开封花灯,

今年元宵,无灯也。

【苏轼愕然,摇头

苏轼:卖灯之民,本非豪户,

举债积蓄一整年,

一家衣食生计,

全指望这十余天。

……

不行!我得告知皇上……

【苏轼回灯,铺开纸笔,王闰之劝阻
(对唱《为民请命》)

王闰之:这是皇上下的诏书

你想要他纠正自己的错误?

反对新法,你已被离疏

批龙鳞、逆圣听

怎能不顾生死祸福?

苏轼：这定非圣上本意，

　　　必是有人误传了诏令。

　　　九重之内，难闻百姓衰苦

　　　不为民请命

　　　怎敢妄称一方父母？

【苏轼挑灯研磨，秉笔直书。背景屏幕上同步出现《谏买浙灯状》文字

苏轼：……臣始闻之，惊愕不信，窃为陛下惜此举动也……

【神宗读奏折，苏轼画外音继续

苏轼：陛下为民父母，唯可添价贵买，岂可减价贱酬？

　　　此事至小，体则甚大……

　　　且新年旧岁，万民同乐，怎可宫中璀璨，百姓无灯？……

【神宗招手随侍大臣，吩咐立即诏罢购买浙灯的前命

【宫中灯一盏一盏地摘下，送回灯市

【尔后，神宗不觉出神，复密语一小太监，并亲手摘下厅前一盏灯

【小太监提灯、领命而去

【舞台上灯光变化，开封花灯夜景，与前面相照应

【小太监提着一盏灯前来

【小太监出现在苏轼面前,挂灯,传语苏轼,后匆匆离去

【苏轼手抚花灯,神宗画外音起

神宗:天黑路滑,卿当为朕深思……(回音不断)

【苏轼惊喜、感动,北向廷阙,不觉流下泪来。

【苏轼借着一腔热血,铺纸研墨,就着花灯,写《上皇帝万言书》

【字幕现《上皇帝书》部分,与苏轼画外音同步显现,诚恳之意,拳拳之心尽在其中

(苏轼画外音):臣思之经月,夜以继昼,表成复毁,至于再三,感陛
　　　　　　　下听其一言……
　　　　　　　臣之所欲言者三,愿陛下结人心,厚风俗,存纪纲而
　　　　　　　已……
　　　　　　　……国家之所以存亡者,在道德之浅深,不在乎强
　　　　　　　与弱;
　　　　　　　历数之所以长短者,在风俗之厚薄,不在乎富与贫。
　　　　　　　……

【苏轼声音渐消,烛光渐收,同时,另侧,光起,吕惠卿的声
　音,王安石正在埋头处理公文

吕惠卿:疯了,真是疯了

【旁边吕惠卿翻着一大摞文书,翻出一份折子,哗哗作响

【王安石抬头,瞟了一眼,继续埋头批文

王安石:又是苏轼?

吕惠卿:(愤激,又有点夸大其词)这次来了个大的,万言书!

【王安石头也不抬,很冷静地继续阅读

吕惠卿:相公你看,他也真是能写啊,也幸亏能写,否则怎能考个制科三等。

【王安石对吕惠卿的话颇不以为然,起身、离案,拿起苏轼的折子

王安石:你也能写啊,要不考个试试?

【吕惠卿语塞,对王安石大不乐意,表面却愈加恭敬

【王安石开始读苏轼的折子

王安石:富国之效,茫如捕风,

　　　　以此为术,其谁不能?

吕惠卿:(冷笑)这是说相公你我无能。

【王安石不屑一顾,吕惠卿递上茶盏

王安石：上糜帑廪，下夺农时，

　　　　堤防一开，水失故道，

　　　　虽食议者之肉，何补于民？

吕惠卿：这是污蔑方田水利法。

【王安石将折子一扔，端杯呷了一口茶，慢悠悠地

王安石：这部方田水利法，

　　　　可是陛下与我商讨半年，反复修订后才推行的。

　　　　这苏子瞻，说谁呢？

【王安石茶罢，继续看苏轼的折子

王安石：古者官养民，今者民养官。

　　　　给之以田而不耕，劝之以农而不力……

【王安石有点激动，吕惠卿偷眼看了看王安石，侧身看着折子，接着念，语气越来越亢奋

吕惠卿：若民所不悦，俗所不安，纵有经典明文，无补于怨。

　　　　若行此二者，必怨无疑——

　　　　这是否定免役法！

【王安石将折子一扔，坐下大口喝茶，有点气急

【吕惠卿再看王安石,紧接着念下一章

吕惠卿:青苗放钱,自昔有禁,

　　　　常平青苗,其势不能两立。

　　　　坏彼成此,所丧愈多;

　　　　亏官害民,虽悔何逮!

【王安石把茶杯一顿,一把抓过来,边看边气得脸发青

王安石:哼! 岂有此理!

　　　　连青苗法、均输法也否定!

【王安石将折子扔地上,吕惠卿在一旁不停呈递,王安石匆
匆翻看,最后索性将所有的折子挥到地上,看着地上横七竖
八的折子,气愤难消,一一指点

王安石:狂生!

　　　　一孔之见!

　　　　方田水利法、免役法、青苗法、均输法……

　　　　全都一棍子打死!

　　　　胡说八道、一派胡言!

【吕惠卿在一旁为王安石续茶,顺便添油加醋,拿过折子
乱指

吕惠卿：您看这、这……还有这……还有……

王安石：这折子不能让圣上看见。

吕惠卿：(思索)这折子……还必得让圣上看见。

【王安石不解

吕惠卿：相公您看——

"臣之所欲言者三,愿陛下结人心,厚风俗,存纪纲而已……"

王安石："结人心,厚风俗,存纪纲……"

对呀! 当今圣上年轻神勇,锐意进取,最见不得的就是守成,最听不得的就是这"厚风俗,存纪纲"的老调!

吕惠卿：(继续)"国家之所以存亡者,在道德之浅深,不在乎强与弱";

"历数之所以长短者,在风俗之厚薄,不在乎富与贫"——这个呆子,一点都不通时务。

王安石：(冷笑)哼! 陛下现在最关心的就是国家的强弱,最在乎的就是贫富!

吕惠卿：递上去?

【王安石不容置疑,点头

王安石：递上去!

045

【吕惠卿小心地收好折子,放置一旁

【吕惠卿复又凑上来

吕惠卿:相公您看,苏轼在开封……是不是近了点?

【王安石沉吟不语,边踱步,边思量,不自觉又拿起苏轼的折子翻看

王安石:这文才,是真的好啊!

吕惠卿:不正因为文才好,才在这天子脚下,

　　　　树了面反新法的大旗……

【王安石闻言陡然止步,沉默,转身

王安石:是该让他离远点了。

吕惠卿:杭州风色正好……

【收光,嗒嗒是用老式打字机打字的声音,像是有人照着稿子打字一般,很现代的记录声音,一边打字一边口中轻轻重复

(画外音):杭州……密州……徐州……湖州!

第二幕：围城·黄楼叹

【光起,嗒嗒的打字声渐隐

【大河,波光粼粼,湖光山色间,若干个苏轼或骑马,或乘舟,或垄间劝农、街头巡视,或壁上题诗、灯下展卷,朝云开始出现近旁……

【不同方位出现的苏轼,和苏辙隔空对话,苏辙的位置相对固定,恰如镜头的闪回和叠加,在光柱中此起彼落、出没其间,同时注意用光和人物对话、吟诵节奏的扣合

苏轼:子由,我在杭州

苏辙:哥哥,我在陈州

【朝云吟诵《沁园春》声音起,依稀隐约

苏轼:子由,我到密州了

苏辙:哥哥,我还在陈州

苏轼:子由,我现在在徐州

苏辙:哥哥,我到齐州了,这一次是掌书记

苏轼:子由,唉,子由……

天涯流落思无穷……

【背景音渐大,朝云曼声吟唱《沁园春》(苏轼原作,上片),清唱,仅咿呀的牙板声伴奏

朝云:孤馆灯青,野店鸡号,旅枕梦残。

渐月华收练,晨霜耿耿,云山摛锦,朝露漙漙。

世路无穷,劳生有限。似此区区长鲜欢。

微吟罢,凭征鞍无语,往事千端。

【苏辙出现,遥望哥哥
【骑着马的苏轼,转向另一个时空的苏辙,惆怅满怀
(苏轼苏辙对唱《眉山》)

苏轼:子由,

前年过南京,麦老樱桃熟

今年又重来,樱麦半黄绿

岁月如旧,人事却多次反复

迎来送往百不自在非我所愿

趋合逢迎沉浮仕宦我怎甘自贬

我们回眉山吧,眉山才是支撑的温暖

苏辙:哥哥,

任陈州学官,贫贱又清闲

河阳转齐州,总揽事务繁

地方辗转,报国的誓言未变

归隐山林逃不开生死荣枯流转

泛舟江上也会黑云翻滚白珠入船

长忆眉山吧,眉山就是支撑的温暖

苏轼: 子由,

琐屑庸常,并不是我们的渴望

仕途辗转,终是一场没有着落的空茫

苏辙: 哥哥,

奋力当世,你想要拉伸的是曲线

志远路艰,我们沉着笃行如车轮盘旋

苏轼: 子由,你告诉我

是什么力量,指引着人们前行?

(苏轼咏叹调《是什么在指引》)

苏轼: 是什么在指引

指引人们懵懂前行

触手可及的灯火

为何越来越不明晰

是什么在指引

指引人们懵懂前行

拉长了出发的距离

为何又似停留在原地

风霜雨雪

磨砺了峭拔的峰岭

征尘仆仆

疲惫了少年的初心

是什么在指引

指引人们懵懂前行

【光渐收，画外人声，感慨，若有如无

（画外人声，白）：是什么在指引，指引人们懵懂前行？

【光渐起，朝廷，太后和神宗

太后：祖宗法度就是为政的指引！

神宗：祖宗之法固佳，奈何国弱？

太后：听说民间，甚苦青苗助役之法。

神宗：以此利民，并非苦之。

太后：法，不宜轻改；民言，亦不可不畏也！

【神宗默然

太后：（略顿，语气稍缓）王安石结怨太多。

神宗：朝中唯安石横身为国，不计个人得失，能不结怨？

太后：横身为国，未免一意孤行。王安石专政，老臣方消极求去。

【神宗默然，稍顿，太后话题一转

太后：苏轼辗转地方已有十余年了吧？

神宗：（感慨）十年了……唯有诗文常见。

太后：诗文？皇上，你听听老百姓的声音……

【太后递给神宗《流民图》，背景上同步展现

神宗：（震惊）民间怎会如此悲惨，太后从何得来？

太后：昨日有民从登闻鼓处呈上——

　　　（叹息）有司马光、苏轼兄弟在，必不至此。

【神宗看图，默然良久，流泪

太后：（流泪）近年水旱失常，灾祸频仍，民，何以聊生？

【神宗垂头，默然不语

太后：（缓慢，却坚定）安石，乱天下。

【神宗抬头,欲辩解,终默然,收光

【光起,朝堂

神宗:近月水旱不绝,莫非上天示警?

安石:(不以为然)水旱常数,尧舜亦不能避免。

神宗:(进一步,有点急迫)昨日彗星出轸,莫非天怒?

安石:(笑)天道茫远,未免妄诞。

神宗:(直视王安石,一字一顿地)闻民间殊苦新法。

王安石:(依旧不以为然)冬寒暑热,老百姓尚且抱怨,陛下实在无
        需顾虑。

【神宗突然爆发,愤愤不平,指着《流民图》,诘问王安石

神宗:老百姓难道连冬寒暑热的埋怨也没有吗?

【众臣噤声

【神宗抖动案上的诗稿,大声

神宗:这些诗里,写满了民生火热,你们是真没看见、没听见吗?

吕惠卿:(小心翼翼,察言观色)此皆苏轼夸大其词,其心不在诗,在
        于污蔑新法。

王安石:文人任情之言,焉能当真?

王珪:(漫不经心、颇有深意)诗者,讽也。可不当真,亦可当真。

李定:苏轼借诗友唱和,招揽名声,影响颇大,对新法推行极为不利。

【神宗勃然

神宗：苏轼、苏轼！

　　　就写几句诗怎么了?!

　　　尔等安在朝堂,妄议是非!

　　　殊不知——

【泪出,稍顿

神宗：徐州水困,苏轼已率民抗洪七十余日了……

【众人面面相觑,那张《流民图》在地上被风卷起,又吹开
【收光

【中后区光起,徐州城外,洪水滔天,外城墙已经泡在水里,
水面离墙头约两三版墙的距离,还有上涨的趋势,墙头系着
数十船只,随浪起伏
【苏轼正率民修筑内堤、加固城墙
【苏轼戴雨笠、披蓑衣,着雨靴,裤脚高挽,奔走巡视城墙各
处,墙外洪水滔天
【朝云和王闰之送饭菜、姜汤到城墙上来,苏轼胡乱填了两
口,看到姜汤,眼前一亮

苏轼：此法甚好! 大家天天风吹雨淋,正需姜汤御寒。

【苏轼把姜汤递给周围的兵士,对王闰之说

苏轼:你立即回去,带人熬制姜汤,每天送来。

　　(边扒拉饭边说)嗯——等下,

　　　　　　再外加些豆豉、葱白,此汤极为御寒。

【苏轼一边吃饭一边巡视,未等王闰之答话,弯身看视新筑
的城墙,王闰之紧随两步,犹豫欲语,终未说出口,朝云忍不
住上前

朝云:先生,你已经两月没回家了。

【苏轼回身,奇怪地看了朝云一眼,满是责备,王闰之嗫
嚅着

王闰之:迨儿……迨儿还是不能站立,都三个月了,很虚弱。

【苏轼一愣,把饭碗往王闰之怀里一塞

苏轼:先送迨儿到寺里去吧。

【王闰之、朝云下,一兵士匆匆前来

兵士:大人,城西张家,似乎想解船离开,大家正议论呢。

054

【苏轼立即赶去

【中左区,一富者正将大包小包上船,准备携家离开,周围聚了不少人。苏轼上前,富人看到苏轼,有点难为情

(多人对唱《大难当前》)

苏轼: (关切)城外洪水滔天,

　　　一叶小舟,恰似芥末入海,

　　　随时都有覆灭的危险。

张富户:一旦墙破水入,同样必死无疑,

　　　死守城中与瓮中之鳖何异。

　　　与其坐而待毙,不如早作安排。

苏轼:所有民众和官兵正在加固内墙,

　　　并新筑分流河道于墙外,

　　　即使外墙水破,内城亦安然,

　　　两下相较,倒是城中更安全。

【富者犹豫,周围民众指责,七嘴八舌

甲:大人与我们同甘共苦,同吃同住

乙:大难当前,你却只管自己跑路!

丙:怎么你的命就更金贵些?

(苏轼指着周围的民夫)

苏轼：正是不愿坐而待毙，大家才全力抗灾。

　　　试问诸君，谁不贪生怕死？

　　　可谁，又怎能总是贪生怕死？

　　　贫穷贵贱，或有分别。

　　　生命于你我、大家，

　　　却是一样的平等而珍贵。

　　　大难在前，和我们一起，拼死一搏吧！

（众人指责、赞同，七嘴八舌）

甲：大家齐心抗洪保城，早把生死置之度外。

乙：减轻洪水对城墙的压力，全靠这些浮船。

丙：你现在解船逃离，不亚于釜底抽薪。

丁：你这是在动摇意志和民心。

【民众七嘴八舌议论，一边用手里的扁担、锄头等工具拄地，一边指责，张富户面有愧色，苏轼制止、遣散民众

苏轼：求生乃人之本能，

　　　大家都不要说了，

　　　让他自己决定吧。

【张富户见状颇感动，哽咽，嗔怪身后妻妾

张富户：都是你们,三天两头地撺掇、哭诉——

(转身对苏轼及众人)

张富户：说实话,不是被逼无奈,谁愿背井离乡——

　　　　多谢大人、多谢众乡邻宽待!

(转头吩咐众家丁)

　　　　所有男丁,留在城上筑墙;

　　　　女眷们都回去,为大家做好一日三餐!

【大家一片欢呼,苏轼指挥大家继续抗洪护墙,张富户带着
仆役一起参与到护城中

【筑墙、挑土等的号子声此起彼落
(唱和《号子》)

1
领唱:蹬啊踩啊,
(合):嘿咗! 嘿咗!
领唱:踩啊蹬啊
(合):嘿咗! 嘿咗!
2
领唱:大伙加把劲啰

（合）：嗨儿哟——嗬！

领唱：大伙拼命干啰

（合）：嗨儿哟——嗬！

……

【声渐消，光收，暮色起

【夜色下，水光茫茫，只有洪水拍击城墙的声音，墙头系着数十船只，随浪起伏

【大风起，苏轼披衣起，提着灯笼，检视各处，地上到处都是和衣而睡的民夫，坐着、躺着、蜷曲着、环抱工具的、彼此相靠的……不一而足，共同的是疲惫、卑微、焦虑

【风越来越大，苏轼将背子脱下，盖在一咳嗽不止的民夫身上

【大风将灯笼吹灭，苏轼站在微茫的光线中，眼前洪水滔天，背后的徐州城隐藏在夜幕下，影影绰绰，偶有灯火、狗吠。远处的天空微白，有星光闪烁

【洪水无涯，看着水面上系着的大小船只随波涌动，俯瞰孤岛一样的徐州城，苏轼热泪滚滚，为民众祈祷

（苏轼独唱《悠悠苍天》，感喟兼祈祷，吟诵歌唱兼而有之）

苏轼：霖雨潦矣

　　　我城危矣

　　　悠悠苍天，曷其有极？

　　　大风起矣

民生艰矣

悠悠苍天,曷其有极?

日月明矣

星光灿矣

悠悠苍天,人命微矣!

【苏轼挥泪饮泣、悲不自胜,幕后女声合唱、和声,轻,低沉,悲悯

幕后(合):大水失路途

　　　　客子悲故乡

　　　　大风啊大风,饮尽这洪水泛滥

　　　　大风平地起

　　　　水天两茫茫

　　　　星光啊星光,给这众生以希望

【吴复古悄然出现,吴复古的声音远远传来,穿透力极强,有山林逸士的通透淡然

吴复古:飘风不终朝,骤雨不终日,天地尚不能久,而况水乎,而况人乎?

【苏轼转身,悲喜交集

苏轼：复古兄！

　　　　大水茫茫，你如何到得这围城中？

吴复古：（大笑）大水已退，我如何到不得？

【苏轼惊讶之极，转身看水面正在徐徐下降、撤回，一夜大风，黄河复归故道。

【一切声音消失

【苏轼注视着水面的消失，悲欣交集，热泪滚滚

苏轼：（喃喃自语）水退了

　　　　（大声，到最后简直是呼喊）水退啦！水退啦！

【苏轼声音越来越大，越来越兴奋，奔走，呼号，同时推醒沉睡中的民夫，大家奔走相告，喜极而泣，敲锣打鼓庆贺，一时间，徐州城夜明如昼。

【天色渐亮，右前区黄楼剪影出

【日色起，舞台上人来人往，逐渐过渡成水后的整修和接济工作。

【水退后的徐州城外，满目疮痍

【苏轼与吴复古巡察灾后修复工作，顺手舀了工地边茶汤喝

吴复古：经过三个月的水困，老百姓既无种又无收，接下来该对付明年的饥荒了。

苏轼：我已经上奏朝廷请求接济，只是一般民众，早就寅吃卯粮，眼前就已经很吃紧了。更要命的是——

【话音未完，一兵士匆匆赶来

兵士：大人，城东已有五家病倒了，来的路上又见倒了两个。

【苏轼闻言，焦急异常

吴复古：（笑，指着远处几口大锅）大灾之后必有大疫，我已经着人准备好了，只是城中存药不多，但愿不扩散就好。

【苏轼举杯，一揖到底，非常感动

苏轼：苏轼代徐州老百姓多谢复古兄！

【光线穿透过来，参寥、佛印出现，背着大包小包，一瘦一胖，一高一矮，还不断抬杠，充满喜感

参寥：我说他死不了。
佛印：我看他，这一生都是水厄，水厄未尽，当然死不了。

【苏轼大喜

苏轼：我家江水初发源，宦游直送江入海。

　　　现在若能将这茶汤换成药汤，

　　　就一生泡在这水厄里我也情愿。

【参寥、佛印扬扬手里的药材

佛印：这就给你下汤去。

吴复古：药有了，这粮食也该到了。

【话音刚落，隐约传来一阵萧笛之声，众人远望，远处三五丽人，簇拥着一锦衣郎，一路凤歌龙吟，迤逦而来，后面带着一大堆车马，又似商队一般，路人为之侧目

苏轼：（大笑）这做派，除了王巩还有谁？

【王巩径直和一帮丽人上前与苏轼诸人相见，随从自卸粮予灾民

佛印：到底是名门公子，你这香车宝马，一路观光，哪像送粮赈灾？

王巩：这押粮的勾当也不赖，可惜朝廷不给我这官！

【城中老百姓一片欢腾，纷纷端出茶点、水酒，帮太守待客

【苏轼非常感动，举杯谢众友

（多人对唱《朋友》）

苏轼：人说旧交新知逐水流

　　　我们白头倾盖，相聚天一隅

　　　情与手足相伴

　　　意与志趣相投

　　　像那长庚永灿，太白相酬

吴复古：人生异趣各有求

【王巩欲言，被其姬妾抢先

王巩姬妾1：（抢话）惟愿一识苏徐州。

【王巩欲言，又被抢先

王巩姬妾2：天上麒麟今才见

王巩姬妾3：蜀中凤凰九天游

王巩：我独不愿万户侯……

【又被佛印抢过话头，嘲笑王巩，指着那些姬妾

佛印：你已经是万户侯了，小心春风动远情，风头给子瞻抢了！

王巩：（豁达、自信）子瞻是芝兰不独庭中秀，

　　　我乃松柏雪后青。

【众大笑

【老百姓与乡绅献酒与花与苏轼和诸位好友

乡绅1：黄河西来骇奔流，顷刻十丈平城头。

乡绅2：河还故道万家喜，匪公何以全吾州。

民众（合）：今年无使君，徐州鱼鳖化儿童矣！

苏轼：（笑）我命犯水厄，所向招灾凶。

      水来非吾过，水去非吾功。

吴复古：子瞻要解此厄，看来须投身大海，搏沙击浪。

佛印：（举茶杯，笑）或是奉上御赐的小团茶。

参寥：此为内消之法。

【苏轼、王巩、参寥、佛印等举杯唱和，苏轼不胜酒力，与众人
醉倒大石上

（集体吟诵《登云龙山》，苏轼原作）

苏轼：醉中走上黄茅冈，

佛印：满冈乱石如群羊。

参寥：冈头醉倒石作床，

佛印：仰看白云天茫茫。

吴复古：歌声落谷秋风长，

王巩：路人举首东南望，

     拍手大笑使君狂。

（老百姓见状,拍手大笑）

合:醉了!醉了!太守醉了!

【一声乌鸦突兀而来,"哑"的一声,拍翅而过

【光影流转,苏轼督促城中维护、修建护堤,东奔西走忙个不停,左后区至前区王巩等人载酒携妓,荡舟江面,众友恣肆随性,一瘦一胖,一高一矮,一僧一道一诗人,戏谑歌吟,好不逍遥

【红日西坠,苏轼带着随从归来,一身尘土,疲惫不堪

【苏轼换上常服,身披羽衣,持杯上黄楼,朝云端茶盏随后

【苏轼在黄楼倚栏独酌,远处江面上,皓月当空,好友船只出现在波光粼粼之中,有琵琶声,间有笑语声

【吴复古悄然上,手握横笛,纵身一跃,据于栏杆之上,捉笛横吹

【苏轼远观月色澄明、江水浩渺、笛声清越、俨然画图,一洗去白日的疲惫和喧嚣,苏轼追怀这年来种种,恍若隔世
（苏轼咏叹调《黄楼夜叹》）

苏轼:天地苍茫

　　长河,千山

　　诗成月满舾

　　沈郎清瘦佛陀胖

（朝云倚栏,曼声清唱）

朝云：轻舟兰桨

　　　一声欸乃绿空山

　　　把酒劝斜阳

　　　羽衣横笛楼头上

（节奏渐趋激烈,吴苏二人加入,朝云拍板应和）

　　　河倾月堕掀浊浪

　　　鸟参差,人仓皇

　　　满城风雨化泥浆

　　　奔波苦,生死忙

　　　城颓唐,相扶将

　　　一夜西风收狂澜

（音乐过渡,星月微茫,尾音）

朝云：暮云微度

　　　星光,河汉

　　　笑语微涡齿生光

　　　人间? 天上?

　　　明月明年何处看?

【苏轼也捉笛横吹,与吴复古笛声高低相和

【笛声中,众友系舟,边联诗边登上楼来,继续如诗如画,亦幻亦真
的诗酒场景,一时间,笛声、歌声、叩节击拍,江月朦朦,水光相接

王巩:夕阳坠

　　　月出山

　　　箫鼓琴羽鸣青嶂

佛印:战马嘶

　　　金戈响

　　　霸王楼下悬蛛网

苏轼:天地圻

　　　李唐安

　　　凌烟阁上图轩昂

【有乌鸦的暗影掠过,吴复古望乌鸦,收笛,长身,起

吴复古:将军忧愤彭城伤

　　　　楚陵荒冢暮鸦翔

王巩:(白)好颓唐!——

　　　山为城,河为带

　　　千山环峙列禁中

【又有乌鸦的暗影掠过,苏轼亦收笛,转身,追随乌鸦踪迹

苏轼:摩苍穹,慕飞鸿

　　　二水奔突似蛟龙

参寥:竹林寺远疏晚钟

　　　镜花水月袍满风

【王巩不满,抗议太低沉,佛印抢上前

王巩:(白,指参寥,抗议)老道又来说禅

佛印:(白)我拉回来——

佛印:时已矣

　　　且举殇

苏轼:今人未必不孙郎

(众人叫好)

众人合:时已矣

　　　　且举殇

　　　　今人未必不孙郎

【众豪饮,王巩三妾琴瑟助阵,喧闹之极

【夜,星空,大江,黄楼剪影。灯火阑珊,众友肆意卧坐,有人
已昏然入睡,有人还兴致不减,依旧唱和,吟诗声音断断续续

佛印：（咕哝，继续灌酒）不肯悻悻骑马回

王巩：（醉语，迷糊）不是你不肯，是马不肯。和尚你太胖了——

　　　　玉山知为玉人颓。

参寥：紫云有语君知否？

苏轼：（笑）莫唤分司御史来。

【暗处有人头涌动，影影绰绰

【苏轼吟诗罢，有人接话，冷冷地重复

（画外音）：莫唤分司御史来！哼（冷笑）

【依旧黄楼夜景，月落星沉，众友悄然入睡，唯苏轼独立楼头

【水鸟、乌鸦渐渐出现，扑腾翅膀的声音

【节奏渐紧，远处暗影涌动，有车骑来往奔驰，人声嘈杂细
碎，与鸟叫声相互交织

【有人密语、语音传递

画外音：杭州、密州，徐州、湖州，

　　　　交游往来，公私书翰

　　　　各处收集，不得遗漏！

【嘈杂声不断，苏轼不由困惑、茫然立起，黄楼夜景变化，渐
次暗淡，成为黑黢黢的剪影，天边乌云翻滚，有水浪声，乌鸦
的鸣叫声越来越清晰

【乌鸦不断飞来,伴随着刺耳的叫声,不断地拍打着翅膀,在周围栖息起落

【暗流从四周向中央涌动,嘈杂声中偶尔冒出非常清晰的"新法""污蔑""诋毁""诗稿"等字眼

【乌鸦越来越多,刺耳的叫声,扑腾翅膀的声音,黑色的羽毛在空中飞舞,有点类似《麦田上的乌鸦》

【嘈杂声继续,暗流最终在前区形成一个闭合,身着羽衣、一袭白裳的苏轼孤立在暗流之中,迷惑、仓皇、恐惧

【成群的乌鸦飞绕,越聚越多,苏轼身上的灯光不断被遮挡,一点点地被侵蚀

【最后随着一声冰冷的金属声响,空中垂下一副镣铐,与此同时,一个极具穿透力的声音传来,压住了所有的声音

画外音:追摄苏轼!

【苏轼跌坐在地,隐于黑暗

【所有光消,唯有悬在空中的镣铐兀自晃荡

【收光

【第一场完】

第 二 场

明 月 大 江

第三幕：乌鸦·乌台

地点：御史台

人物：苏轼、审判者（始终未出场）

（舞台说明：场上空荡荡，审讯以黑场为主，通过声响、局部光来表现）

【冰冷的金属声响，光起

【悬在空中的镣铐时隐时现。镣铐下的苏轼仓皇、恐惧。忽然有声音传来，苏轼一惊，连忙转向声音传来的方向，瞪大眼睛，紧张而惶恐

审判者：这首写给曾巩的诗，"聒耳如蜩蝉"，说谁呢？

苏轼：蝉。

审判者：蝉?!

审判者：谁是蝉？

【沉默

【鞭声

【沉默

审判者：我需要一个理由。

【鞭影飞过
【灯光，苏轼跌坐在地，脸上有鞭痕

苏轼：推行新法，提拔的一些刻薄之人，议论识见狭隘，像蝉的聒噪。
审判者：（翻书稿的声音）"若对青山谈世事，当需举白便浮君"。
苏轼：……和朋友喝酒，约定只谈山水，否则罚酒。
审判者：为什么谈国事便罚酒？

【沉默

审判者："眼看时事力难任，贪恋君恩退未能"，想给你弟弟传递
　　　　什么？
苏轼：我们有早日回乡、共度桑榆的约定。
审判者：谁不知你兄弟二人名满天下，为什么偏要说力难任、退
　　　　未能？
苏轼：自谦之词耳。
审判者：自谦？消极抵制新法，不合作！是也不是！

【沉默
【连续鞭声，灯光处理，鞭影飞过

审判者:(冷笑,又有点兴奋、期待)这一句,"根到九泉无曲处,世间
　　　　惟有蛰龙知"。

苏轼:写桧树。

审判者:桧树?

苏轼:桧树!

审判者:天下谁可称龙?

【苏轼一愣,沉默。噼里啪啦的鞭炮陡响,刺耳、扎心,又瞬
间消遁

审判者:(慢吞吞)当今陛下飞龙在天,请问谁是蛰伏之龙?

【沉默,始终沉默,鞭影纵横,斑驳

【鞭声、泼水声交替出现,快速晃动

【泼水声转雨声

【《雁南飞》旋律起,抒情、忧伤

【微光,囚房内,苏轼伏于草席上

【梦,梦回眉山,苏序、苏洵、程夫人以及王弗等出现

【程夫人出现

苏轼:(惊喜)娘!

　　　(强笑)儿今真要成为范滂了。

程夫人:那我就作范滂的母亲吧。

苏轼：娘，你再给我讲一遍范滂别母吧。

程夫人：建宁二年，诏下急捕滂等……

滂白母曰："仲博孝敬，足以供养，滂从龙舒君归黄泉，存亡各得其所。惟大人割不可忍之恩，勿增感戚。"

母曰："汝今得与李、杜齐名，死亦何恨！既有令名，复求寿考，可兼得乎？"

滂跪受教，再拜而辞。……

苏轼：娘，你只给我讲范滂别母，没给我讲范滂辞儿啊。

（苏轼转向观众）

滂顾谓其子曰：

"吾欲使汝为恶，则恶不可为；使汝为善，则我不为恶。"

娘，这善恶有着云泥之别，为何结果亦颠倒如云泥？

【苏轼吟诵的时候，程夫人隐去，苏轼转身四处寻找，空落无着

苏轼：娘——

【王弗悄然出现

王弗：子瞻，你看——

迈儿，我们的迈儿成人了！

【苏轼见王弗，悲喜交加，在王弗怀里大哭，王弗轻抚其背，

诵《江城子·记梦》

(二重唱《江城子·记梦》,苏轼原词)

王弗:十年生死两茫茫,

不思量,

自难忘。

千里孤坟,无处话凄凉。

【苏轼起,一起吟诵/唱

苏轼/王弗:纵使相逢应不识,

尘满面,

鬓如霜。

夜来幽梦忽还乡。

小轩窗,

正梳妆。

相顾无言,

惟有泪千行。

料得年年肠断处,

明月夜,

短松冈。

【王弗悄然隐退,歌声还在回响

【苏轼四望无着,茫然失落,外面月光斜照入室,方方的一块,清冷,凄凉

【苏轼呆立于那方狭狭的、窄窄的月光中

【雪花从天窗透进的光中落下,纷纷扬扬,苏轼惶恐、孤独、无助

【王闰之的声音传来,另一时空,同样的月、雪,茫茫雪地上,王闰之悲愤莫名

(王闰之咏叹调《昨日还春满江南》)

王闰之: 昨日还春满江南,

　　　　转眼杜鹃愁空山。

　　　　路微茫,

　　　　人命卑微思无常。

　　　　木秀于林风雪摧折,

　　　　声清于凤鸟雀中伤。

　　　　利斧无情,砍伐青松伟岸,

　　　　众口铄金,炉杀稀世贤良。

　　　　万物枯槁如飞霜,

　　　　雨雪漫天三尺寒。

　　　　心如狂,

　　　　夫妻情断天地仓皇。

【王闰之呼天抢地,在雪地上跌跌撞撞,留下一串凌乱的脚印,王闰之渐隐于茫茫雪海

【苏辙从暗处奔来,悲怆,焦急,拍打狱墙,奔走申诉

苏辙:哥哥! 哥哥!

【苏轼似乎心有所应,上前两步,狱墙阻隔,隔空回应,担忧、悲伤、焦灼

苏轼:子由? 子由!

【苏辙苏轼兄弟二人隔空相望,内心悲愤难言,哀哀哭诉
(苏辙咏叹调《反认他乡是故乡》)

苏辙:记得门前翠竹千竿,
　　　清风过处碧玉喱当。
　　　春雷萌动,
　　　紫燕低翔。
　　　虽然没有坐拥华堂,
　　　却免去了人前俯仰。

　　　秋风起,张翰思乡。
　　　荷月带锄,渊明归来菊花黄。
　　　别梦依稀似眉山,

我们是为了什么？

却北上到了洛阳！

怀远驿，风雨对床，

华亭鹤唳，还在史书中回响。

自缚双翼投罗网，

我们是为了什么？

反认他乡是故乡！

【兄弟二人隔墙凝噎，音乐慢起，苏轼慢慢吟诵，声音消沉

苏轼：圣主如天万物春，小臣愚暗自亡身

　　　百年未满先偿债，十口无归更累人

　　　……

【声音渐消，歌声代之

（苏轼诀别咏叹调之一《与君世世为兄弟》，据苏轼诗改写）

苏轼：圣明的皇上啊，恩泽如天，庇护着万物生长。

　　　阳光拂照，春风把雨露送到每一个地方。

　　　卑微愚钝的我，却昏头昏脑辨不清方向，

　　　像那举臂挡车的螳螂，亲手把自己埋葬。

　　　人生百年，尽头还很遥远啊，

我却要走向死亡。

老妻稚子,不再倚门而望,

还要连累你更加疲惫不堪。

人间处处青山,哪里不可埋葬?

只是每逢夜雨,留你独自神伤。

我们曾经的约定,从此一片空茫。

那遥远的故乡,只有梦中时时回望。

唯愿生生世世,都结为兄弟,

唯愿生生世世,续这手足情长。

唯愿生生世世,都结为兄弟,

唯愿生生世世,续这手足情长。

【歌声继续,苏轼渐隐光中,虚化

【苏辙焦灼不堪,求助四方

【年轻的苏迈急急忙忙奔走牢狱和亲友之间,求助父执,王巩、王诜等积极奔走

【苏辙正欲向一老朋友求助,对方用扇子掩面疾走

【王诜与公主周旋,遥指太后,神宗出现,隐隐约约

【苏辙、苏迈依旧四处奔走呼告,不愿放弃,求告声变为背景音,有人驻足观望,有人上书呼应,更多的人避之唯恐不及,掉头就走,进退错落纷纭,人情冷暖表现得淋漓尽致

【渐渐分化两个光区,神宗光区显,神宗徘徊

【不断有人躬身奔走投递,神宗面前的折子越来越多,一边是罪证,一边是求情的折子,两边同时增长,后来罪证越来越高

(画外音):皇上,这是御史台送来的供状

(画外音):皇上,这是牵扯到诗案的名录

(画外音):皇上,这是张方平的折子

(画外音):皇上,这是苏辙的折子……

(画外音):皇上……

【神宗一一翻阅,时而徘徊,发愣

【苏辙画外音,紧接着苏辙出现在光柱,匍匐跪行,泣血求告

苏辙:皇上——

(苏辙咏叹调:《手足情动天地》,据苏辙文《为兄轼下狱上书》改写)

苏辙:忧急危困,呼唤上天。

　　　哀哭惨痛,父母垂怜。

　　　臣自幼飘零,唯兄长是依。

　　　今兄长获罪,生死悬于一线。

书生鲁钝,放浪狂狷,

好谈古今,动辄高言。

陛下包容天下,曾置之不言,

轼感念圣恩,穷今生以报知遇之缘。

蝼蚁之命,存活在天。

仁慈的皇上啊,

我愿呈上我的所有的荣光和禄位,

以赎兄长的生还。

缇萦救父,死而复生。

圣明的皇上啊,

我愿与兄粉身碎骨、洗心革面,

以报效陛下的成全。

仁慈圣明的皇上啊,您恩泽如天。

请宽宥吧,宽宥一介书生的罪愆。

请庇护吧,庇护我们兄弟团圆。

……

【苏辙哭诉跪拜,团团作揖,声、光渐消,隐

【神宗默然,看着两边越堆越高的折子发呆

【神宗随手抽出书案上的折子,撒入火盆,甚至还点着火,
发呆

【人物奔走,影幢幢,各种声音渐起,越来越响,夹杂一团

【神宗高立、冷眼旁观,似不闻,又似有所闻

【隐约有道场的磬、钹等声音传来

(画外音):皇上,听闻杭州的百姓正在为苏轼作解厄道场

【有人等、经幡飘过,声音忽远忽近

【若有若无的道场吟唱声飘过,忽远忽近,风一样

(幕后吟唱《消灾吉祥经》,可考虑混声,或领、和)

幕后(混声合):曩谟三满哆母驮喃。阿钵啰底贺多舍。

　　　　　　　娑曩喃怛侄他唵。佉佉佉呬佉呬吽吽。

　　　　　　　入嚩啰入嚩啰。钵啰入嚩啰。钵啰入嚩啰。

　　　　　　　底瑟姹底瑟姹。瑟致哩瑟致哩。娑癹吒娑癹吒。

　　　　　　　扇底迦。室哩曳。娑嚩诃

【吟唱声渐小,若有若无,好似挥之不去的背景音,神宗有点
警醒
(神宗独唱《感念》)

神宗:诗酒京华,文星璀璨。

　　民胞物与的情怀,

　　峙立中流的勇气。

　　凤翔安顿流民,

杭州赈灾兴水利，

密州抗旱除蝗、剿匪安民、

勘矿抗洪，徐州七十余日感天动地。

办乡学，育弃婴，

整饬军务，修葺兵营。

一心务实为民，满腹富国强兵，

明决是非、善待病囚招良医。

天地如何不感念？

人民如何不感念？

大宋又焉能不感念？

【办案的李定、舒亶等上，面有得色

李定：陛下，苏轼怨诽君父，有不臣之心！

神宗：（漫不经心）何以为据？

李定："根到九泉无曲处，此心唯有蛰龙知"，言陛下为蛰伏之龙！

神宗：他咏桧树，干我何事！

吕惠卿：苏轼鼓舌摇唇，其诗好议时政，不利新法推行。

【神宗不语

【诸人见神宗犹豫，趁火打铁，轮番上阵，似说快板般，有点

三句半的味道

(说唱《诗账》)

舒亶：苏轼包藏祸心,怨望其上,冒犯漫骂——无复人臣之节!

李定：陛下行青苗法,则曰——

从官1:(接口)"赢得儿童语音好,一年强半在城中!"

吕惠卿：陛下改科举,则曰——

从官2:(接口)"读书万卷不读律,致君尧舜知无术!"

舒亶：陛下兴水利,则曰——

从官3:(接口)"东海若知明主意,应教斥卤变桑田!"

李定：陛下谨盐禁,则曰——

从官4:(接口)"岂是闻韶解忘味,迩来三月食无盐!"

【神宗的表情越来越难看

吕惠卿：苏轼触物即事,应口所言——无一不以讥谤为主!

李定：苏轼初无学术,滥得时名——应处以极刑!

神宗：(凛然一惊,勉强辩解)诗人之词耳,安可如此当真?

王珪：苏轼才名太盛,天下唯其是瞻——

吕惠卿：(冷笑,悻悻地)子瞻、子瞻,唯子是瞻!

【王珪见火候差不多,上前,慢吞吞地

王珪：诗篇事小,阻碍了陛下的革新事大。

【神宗颇在意,沉默。

【周遭树影晃动,有金属撞击声,若有若无

【收光

【肃杀之声顿起,鞭声、铁链声渐入,若有若无

【鞭声、呵斥声再起,其后在苏轼的声音间歇渐入渐出

【铁链的声响,牢房,月光,方方的、狭狭的

(苏轼诀别咏叹调之二《他乡就是故乡》)

苏轼:御史台前,柏树森森,乌鸦在彷徨

　　　审讯堂下,泣血衰号,不过都是待宰的牛羊

　　　冷月无声,满地铺满秋霜

　　　风儿吹动铁链,发出冰冷的声响

　　　眉山的烟云在我心头荡漾

　　　魂牵梦绕的是儿时的故乡

　　　狱卒的呵斥让我心跳不安

　　　活下去的热望冲不破这高墙

　　　欣慰的是血脉相传,儿子铮骨伟岸

　　　惭愧的是白发老妻,担惊受怕历尽贫寒

　　　欣慰的是血脉相传,儿子铮骨伟岸

　　　惭愧的是白发老妻,担惊受怕历尽贫寒

我死之后,不知魂归何方

还是葬在浙江吧,在西湖之旁

淳善的百姓啊

正在为我做道场

眉山和西湖,又有什么两样

他乡就是故乡

眉山和西湖,又有什么两样

他乡就是故乡

【苏轼坐草席上,凝神静思,雪花从窄窄的方方的天窗洒落,
纷纷扬扬

【若有若无的道场吟唱声飘过,忽远忽近,风一样
(《消灾吉祥经》)

幕后:曩谟三满哆母驮喃。

阿钵啰底贺多舍。

娑曩喃怛侄他唵。

佉佉佉呬佉呬吽吽。

……

【细微的音乐起,苏轼的呼噜声渐入

【光线渐亮,后区低处,光柱中,囚于牢室的苏轼,卧于草席
之上,呼呼大睡。

(注:此处光区在下面场景中一直存在,与之同时一直存在

的有下面的神宗光区,其间光线明灭不定,微茫)

【后区高处,年轻的神宗忽明忽暗,恍惚游离,貌似可有可无,然无处不在

【曹太后颤巍巍的声音,随即白发苍苍的老太出现,走过神宗光区

曹太后:仁宗以苏轼为一代之宝,今为小人中伤耶?

【前左区,光亮,一样白发苍苍的韩琦、范镇等先后出现

韩琦:今杀苏轼,不恐后人言陛下"听谀言而恶讦直"耶?
范镇:曹操尚能容忍祢衡,陛下欲为尧舜之君,今不容一苏
　　　轼耶?

【司马光、吴充、王安礼等次第出现

王安礼:自古大度之君,不以言举人,不以言罪人。
司马光:诗者,美也,刺也。兴观群怨,诗之职也,岂有因诗杀人乎?

【话音刚落,王珪声音出现,前右区,一样白发苍苍的王珪
出现

王珪:杀诗人不可,杀罪臣可矣!

【前区人声渐起，光点此起彼落，节奏加快，如雨点般，朝臣现

【朝堂上议论纷争，各方人士奔走、诉说，声音嘈杂，形成一个多声部的大合唱。（说明：左区右区同步，突出具象征性的对抗）

【前左区，王巩、王诜以及士人等竭力营救苏轼

1：苏轼何罪？高名其罪！
2：有人惮子瞻为宰相耶？
3：有人妒子瞻之才耶？
4：有人忌子瞻之能耶？

【前右区，李定、吕惠卿等亢奋、忘形，急切控诉苏轼，皆欲杀之

1：苏轼扬才露己，邀名惑众！
2：苏轼蛊惑人心，诬蔑新法！
3：苏轼动辄高言，取妍媚世！
4：苏轼恃才犯上！

【灯大亮，双方声音越来越大，最后嘈杂到极致，形成合唱

（前左）合：苏轼乃士人脊梁！脊梁！

(前右)合:苏轼谤毁新法该杀!该杀!

【光一点一点收,如起初雨点般起光一样,声音陡消,只现口型,众人声渐消
【王安石在单独一区出现,着常服,似隐居

神宗:相公别来无恙?
王安石:陛下,安有圣世而杀才士乎?

【戛然而止。诸人似雕像般僵立光区中,一切声消,渐隐。

【苏轼呼噜声继续,断断续续,若有若无
【神宗光区灯亮,渐向苏轼过渡,苏轼亦现强光中
【高高在上的神宗周遭一片黑暗,显得特别的孤独,与地上的苏轼相呼应
【苏轼醒来,坐于草席,泰然自若
【年轻的皇帝走下神坛,与苏轼隔空对话,但却感觉永远走不完一样,无法靠拢

神宗:苏轼,你不怕死吗?
苏轼:怕——
神宗:那你知道他们想让你死吗?
苏轼:知道……

【二人沉默

神宗：居庙堂之高，则忧其民，

苏轼：处江湖之远，则忧其君。

神宗：范文正公若还在就好了。

【苏轼无语，二人颇感慨，不约而同望着远处黑暗的夜空

神宗：你知道我捧的是怎样的一个烂摊子。

苏轼：臣知道。

神宗：大宋积贫积弱，如何图存？

苏轼：变革。但需假以时日。

神宗：假以时日？

　　　我要等到什么时候？

　　　等到须发皆白？

　　　等到壮心耗尽？

　　　等到老死蒿莱？

苏轼：皇上，你怕吗？

神宗：怕！可我——

　　　能怕吗？

（神宗咏叹调《我，能怕吗》）

神宗：当所有的目光聚在我身上的时候

当所有的重任压在我肩头的时候
当昔日的耻辱冲洗我的梦境的时候
当先祖的伟业激荡我的热血的时候
我,能怕吗?

当满朝唯唯诺诺明哲保身的时候
当我振臂疾呼却四望哑然的时候
当西北的铁蹄横扫我大宋疆土的时候
当纯良的子民饥寒交迫流离失所的时候
我,能怕吗?

神宗:(好似鼓励自己再次坚定信心)我,要建立一个强大的
　　　帝国!

【神宗攥紧了拳头,越说越激动,越说越不自信,声音
空茫

神宗:我要建立一个强大的帝国……
苏轼:皇上,你很孤独。

【神宗一怔,看了看苏轼,慢慢转身,回高台

神宗:(似说与苏轼,又似自言自语)
　　　我,要建立一个强大的帝国!

【二人一时无语，同望夜空高悬的明月，神宗吟诵《水调歌头·中秋》

神宗：明月几时有？

　　　把酒问青天。

　　　不知天上宫阙，

　　　今夕是何年？

神宗：我欲乘风归去

【苏轼接着吟诵，与神宗构成吟诵叠加的二重效果

苏轼：我欲乘风归去

神宗：又恐琼楼玉宇，高处不胜寒

苏轼：又恐琼楼玉宇，高处不胜寒

苏轼：起舞弄清影

神宗：何似在人间！

【后区，夜空，远处有烟花绽放，鞭炮声零星响起，除夕

【雪花纷纷扬扬地下起来，烟花显得更为绚丽，也更寂寞

【雪花落地无声，鞭炮声也渐渐零落，风声渐起

【风卷着雪花，飞舞如狂

【收光

画外音：元丰二年十二月，责授黄州团练副使，本州安置

苏辙,监筠州监酒税务。

驸马督尉王诜,追两官,停职

张方平、司马光、范镇、曾巩、黄庭坚等各罚铜二十斤……

【画外音:声音坚定,沉着,有着虽万死依旧前往的韧和忍

神宗:处优,未敢忘忧国!

苏轼:位卑,亦不敢忘忧国!

第四幕：磨驴·大江

（大河浩荡）

【正月，暴风雪，苏轼父子艰难行走，一前一后到达淮河边，北望中原，感慨万千

【风声很大，父子俩说话声音很大，也很坚毅

苏迈：父亲，我们过淮河了！

苏轼：好！过淮河！

苏迈：从此中原北望！

苏轼：（对苏迈，对自己，更像对整个天地）从此朝廷北望！

苏迈：父亲——

【苏轼已经开始挪步前行，父子俩一前一后很快淹没在风雪里，只听得见呜呜的风声

【苏轼咏叹调《渡淮》

苏轼：江声浩荡

芦花飞扬

板桥上

远行的人儿须发皆成霜

引领北望

中原苍茫

晚风凉

林外的钟声在荒野回响

星光,星光黯淡

过去和眼前通通逃亡

故乡,故乡已远

豪情埋葬在了天一方

生命,生命不过是梦一场

就像这大河滔滔,何曾驻守在两岸

生命,生命不过是梦一场

就像这大河滔滔,何曾驻守在两岸

【风声渐小,苏迈的声音传来,紧接着出现两个身影:苏轼、苏迈

苏迈:父亲,你看,那边有座庙

【父子俩朝庙走去,旧庙残破、昏暗、潮湿,散发着一股霉味

【苏迈忙着整理落脚处

苏迈：父亲,我去生火!

【苏迈出庙门,四处寻拣枯枝,以备取火、生火

【苏轼环视周遭,见佛像尘灰满面,蛛网、草屑罗织,上前用手清理,苏轼手拂去菩萨脸庞的灰尘,眉眼渐渐清晰,苏轼不觉悲从中来,顺着佛像座台坐下,痛哭失声

【外面传来马蹄声,有羽箭破空而来的声音

【苏轼端坐佛像前

【苏迈在外面收拾柴火,点燃,火苗窜了起来,一下照亮了周围一片

【远远的苏迈的声音传来

苏迈：父亲,快来,这里有火,有光!

【陈慥一身游侠打扮,出现,接口道

陈慥：岂止有火,还有满江的肥鱼,遍山的竹笋香

苏轼：(又惊又喜)季常!

　　(抚掌大笑)有陈季常,吾黄冈之行不寂寞也

【收光

(黄冈,江边)

098

【江边,江声,片石击打、掠过水面的声音,儿童嬉闹声

【苏轼醉饮,和一群儿童嬉笑,打闹,玩水漂漂。忘却自己,忘却烦恼

（rap 说唱）

童1：我打了个连环!

童2：我三连环!

苏轼：看我——

（片石击水声,拍手声,欢呼赞叹声）

童声合：哇! 五连环?

　　　　五连环!

童声：好厉害! 你是谁?

苏轼：（笑呵呵）你是谁?

《你是谁》（苏轼独唱、童声说唱）

　　童1：我是张家的阿贵

　　童2：我是王家的阿雷

　　童3：他们都叫我——

小孩345（合）：（哄笑）累赘

　　童1：你是谁?

　　童2：你是谁?

【苏轼迷惑

苏轼：我？

　　我……

【小孩心思全不在苏轼的回答,而在于争先恐后的表现

童声：(说唱)

　　童3：我爱骑牛背

　　童4：我喜欢玩水

　　童5：我,上树掏过鸟

　　　　　还放鹞子天上飞

(静场)

　　童3：这些你都会不会？

　　苏轼：(迷惑、思索,犹豫)我……

(以下为小孩子们彼此说唱,完全置苏轼于一旁,或者把他
当作一个评头论足的对象)

　　童1：爷爷说新来了个团练副使

　　童2：隔壁秀才说他叫苏轼

　　童3：学里先生说他有学识

童4：有人说他爱乱写字

苏轼：（自言自语，没人理他）苏轼？苏轼……

【一个小孩的声音冒出来，脆脆的

童声：我看哪——倒像个疯子！

【小孩们一下散开，有的还好奇地观察，有一两个大胆的孩子还凑过来扯了扯苏轼的衣袖，转身亦跑

苏轼：（苏轼拄杖，跌坐于石上，自言自语，笑）苏轼？团练副使？……

【小孩一哄而散，边叫着"回啰！回啰！"奔回各家
【苏轼看着孩子们远去的方向，远处钟声沉着，日色一点一点地褪去
【江声渐渐大了起来，斜倚在江边石上的苏轼望着最后一点日色彻底沉沦，手随意抓起江边的石子，石子从指缝间落下，发出清脆的声响
【光线暗转，月升，江声渐大
【江边，苏轼一个人躬身捡石子，江水滔滔不绝，崖岸峭拔，月映万江
【苏轼将石子兜在衣襟，一只大鸟"哑"的一声飞过，苏轼寻声远望，前衣襟兜的石子撒落在地

【苏轼吟诵《卜算子》,无音乐伴奏,只有江声,隐约钟声,苏轼处舞台前区,落寞、孤寂。江面波光粼粼,后区(彼岸),光微

(苏轼吟诵《卜算子》,苏轼原词)

苏轼:缺月挂疏桐,

　　　漏断人初静。

　　　谁见幽人独往来,

　　　缥缈孤鸿影。

　　　惊起却回头,

　　　有恨无人省。

　　　拣尽寒枝不肯栖,

　　　寂寞沙洲冷。

【佛印从后区上,光头,袈裟,月下望之如仙似佛

【佛印笑声传过来

佛印:不是幽人,是胖和尚!

【参寥从不同方位上,正好听到这句

参寥:怎不是幽人,贫道即是幽人!

苏轼:来得正好,你们看这些石子!

【苏轼把石子盛于盆中清水里,参寥抓起一颗,对着光看

参寥:非大浪淘沙,石子怎得如此之美?

佛印:(不经意,一笑)非大浪淘沙,子瞻怎得如此境地?

【苏轼愕然,不由垂头思量

【佛印用手从盆里捞出石头,似不经意地有二三石子落向地面,石子弹跳再三,发出清澈的声响

【三人不着一言,只静静地看着石子弹跳,听着那单一的声响渐渐消失

【背景音梵语诵《心经》的声音,似超度石子心魔一般

(画外梵音吟诵): Apraptitvad bodhisattvasya, prajnaparamitam asritya, viharaty achittavaranah. Chittavarana-nastitvad atrastro, viparyasa atikranto, nishtha nirvana praptah, Tryadhva vyavasthitah. (菩提萨埵,依般若波罗蜜多故,心无挂碍,无挂碍故,无有恐怖,远离颠倒梦想,究竟涅槃……)

【佛印捡起石头,端详,把玩,自言自语,又似对子瞻
(佛印、参寥轮唱《乱石供》)

佛印:它曾棱角分明,

103

电光火石的切割，吞噬了嘶哑的声音

它尖叫、它翻滚、它抗拒

它跌打出一路烟尘

【参寥端详手中石，忽然奋力出手，石落江中

参寥：它想逃避

于是波涛滚滚，泥沙混流

它撞上了更坚实的堤岸、更大的力

它被淤滞、被封冻、被沉埋

直到阳光穿越水底

【佛印扬扬手中的石子，石子在发光

佛印：它被太阳唤醒，

它感到温暖，自在

参寥：它温润、通透，坚韧无比

但它——

佛印/参寥：浑然不觉

【参寥继续捞、玩水中石子

【苏轼心中了然，有所悟

（苏轼咏叹调《昔日之我皆故我》）

苏轼：昔日之我皆故我

今日之我为东坡

日蒸麦香起
鸟从亭前过
黄泥阪上乱石埋土坷

万事如花落
余年似酒薄
临皋亭下水流月消磨

回头来来去去梦破
斜照廊间屐齿斑驳
觑那眉头鬓上，人生几度劫波

竹杖芒鞋声呵呵
四十二年，无存无亡亦无我

【光弥漫，水、月、人俱融入茫茫光海，佛印的声音

佛印：四十二年，就恰如这水中石、石中辉。
苏轼：四十二年，就恰如这水中月、月中桂。

【参寥头也不抬，顺手一指，直指佛印脑袋，还未及言，只听

吴复古的声音

吴复古：就恰如这和尚头、头上蟲。

【三人捧腹大笑，陈慥、吴复古从不同方位上

佛印：和尚、道长、诗人、侠客，这天下怪物都齐了，就差一美人……
吴复古：（手指陈慥）河东狮子吼，陈夫人来也！

【语音刚落，陈慥夫人带着村人，拿着工具出现在后区右侧，
一路过来

佛印：呀！拿着棒槌！（躲到陈慥背后）
苏轼：（惊讶）这哪是捉丈夫，这是剿匪来了。

【佛印探出个光头来，问陈慥

佛印：你今天又做错啥？还不快躲！
陈慥：非也！为学士盖房来也！

【陈夫人上前，施礼见过众人

参寥：盖什么房？子瞻寺里住着就很好。

陈夫人：子瞻既不是和尚，又不是道长，

　　　　妻儿老小几十来口，

　　　　总不能跟着你们一起打饥荒。

佛印：（探出光头，不平）跟着我们，怎么就打饥荒了？

【陈夫人白了眼佛印

陈夫人：你以为大家都是御赐的和尚？

【陈慥把佛印的光头按回去，悄声

陈慥：小心殃及池鱼。

【佛印摸摸脑袋，识趣地闭口

苏轼：我也正在犯愁，

　　　　一家老小二十来口，

　　　　全都寄寓在筠州。

　　　　子由贬筠州，

　　　　早出晚归忙着盐和酒，

　　　　身心俱疲一样入不敷口。

【吴复古点头

吴复古：也应该到黄州与子瞻团聚了……

【陈慥夫人用眼光找陈慥，陈慥立马闪出

陈夫人：事情办妥了没？
陈慥：闰之夫人一家十日就到，潘丙在洲头迎候。
苏轼：（惊讶，感激，躬身长揖）夫人古道热肠，苏某谢……

【陈慥夫人也不多言，不待苏轼说完，转身对着后面等候她
的村人，手一挥

陈慥夫人：走，盖房去！

【陈慥夫人离去，率众开始建房。众人目睹夫人一行离去，
讶然，又佩服又好笑

参寥：（笑对陈慥）陈夫人是粗糙了点，不过巨眼英豪，不让大丈夫！
佛印：（打趣）不是不让大丈夫，是要真打丈夫！

【陈慥已经完全恢复了潇洒倜傥的一面

陈慥：（一起跟着打趣自己）不止打丈夫，也打和尚

（多人对唱《陈季常》）

吴复古：初识陈季常

　　　　千金富少、骏马英豪

佛印：猎鹰逐兔、弯弓射雕

苏轼：指点山河

　　　　济世安民怀抱

参寥：而今方山子

　　　　林下高士，风云呼啸

吴复古：睥睨市朝，江湖倨傲

苏轼：河东狮子吼

　　　　依旧引领人间群豪

【听得最后两句，众人绝倒。参寥一本正经

参寥：惧内者，乃真正出离红尘、得大自在者！

吴复古：(很真诚地)方山子是也！

陈慥：不敢！

　　　　我敬她——(陈慥独唱《河东狮吼》)

　　　　重然诺，鄙名利，

　　　　路见不平、多仗义。

　　　　诚且信，言必行

　　　　率真坦荡、不扭捏。

佛印：(一本正经)方山子，真佛也！

　　　　(法相庄严地)任他——

　　　　　谤我，贱我，欺我，辱我，笑我，轻我，恶我，

　　　　骗我——

　　　　　　（突然表情一转，坏笑，对陈慥）今日请示没？

　陈慥：（同样一本正经，坦然）只是忍他、让他、由他、

　　　　　　避他、耐他、敬他——

　　　　　　　不敢不理她！

【众大笑，转后区

【陈慥夫人率众人搭屋，抽象、写意，黑色线条框架，俄而雪
堂成

【众人从雪堂贯出，正逢潘丙和一道士驾舟载酒而来，吴复
古眼快

吴复古：酒神来也！

【众人一起上船，激桨中流

【时月出东山，白露横江、水光接天，众人沉醉于江川明月，
一边饮酒，一边叩舷放歌

（分组合唱：《诗经·陈风·月出》，出自《诗经·陈风》）

三人合1：月出皎兮。佼人僚兮。

三人合2：舒窈纠兮。劳心悄兮。

三人合1：月出皓兮。佼人懰兮。

三人合2：舒忧受兮。劳心慅兮。

六人合：月出照兮。佼人燎兮。

舒夭绍兮。劳心惨兮。

【众人酒酣耳热，在月色之下，长江之上，忘忧忘形，有冯虚
御风、遨游苍茫之自在，苏轼忍不住叩舷而歌，潘丙箫声起，
道士倚歌而和

苏轼：桂棹兮兰桨，

击空明兮溯流光。

渺渺兮予怀，

望美人兮天一方。

【苏轼的歌声思慕怅惘，箫声如怨如慕，不绝如缕
（多人对唱《江流日夜》）

参寥：如此清夜、嘉月，何故悲切？

潘丙：江流日夜，明月圆而复缺。

佛印：江水何曾流去？ 明月何曾圆缺？

陈慥：人生何其局促！

步步遗憾，触目皆空！

吴复古：失之东隅，得之桑榆

111

没有痛彻心扉的生途，

哪有亲近大化的巨眼洞烛

游于万化，方可超越生命的局促

【苏轼一直沉吟不语，此刻抬头

苏轼：自然的灵性呼唤漂泊的魂灵

倘若江水无尽，明月无穷，

草木春秋循环不歇，

生命岂能因其短促而生生不绝？

【吴复古赞赏地看着苏轼，苏轼继续

苏轼：死亡并不羡慕永生

无我方有我，我丧方我存。

接通自然的灵性

方能超越一己之情

顺乎大造，方无所驶无所为。

佛印：（赞不绝口）子瞻子瞻，入我佛门罢

参寥：这分明是道语，入你佛门作甚？

【众人大笑，吴复古微笑着看着苏轼不语

陈慥：子瞻，不到黄冈，安有此夜之乐？

佛印：子瞻，没有诗案，安有今夜的黄冈？

参寥：子瞻，不写诗，怎会有诗案？

吴复古：不写诗，就不是子瞻

　　　　没有诗案，也不是子瞻

　　　　不到黄冈，更不有今日之子瞻

　　　　子瞻的使命，长矣！远矣！重矣！

【苏轼不由心中凛然

苏轼：时也！运也！命也！

　　　为着这江流日月，为着这古战场的烟尘，当浮一大白！

【苏轼与诸友移酒至赤壁矶，一边行走一边痛饮高歌，众人相和
（苏轼独唱《念奴娇·赤壁怀古》，苏轼原作，上阕）

苏轼：大江东去，浪淘尽，千古风流人物。

　　　故垒西边，人道是，三国周郎赤壁。

　　　乱石穿空，惊涛拍岸，卷起千堆雪。

　　　江山如画，一时多少豪杰。

（众人应和）……

　　　乱石穿空，惊涛拍岸，卷起千堆雪。

　　　江山如画，一时多少豪杰。

【诸君继续歌饮,或坐或卧,杯盘狼藉

【江上雾气升腾,有笛声至江上来,一叶扁舟,上有青衣少年,横笛而吹,笛声穿云裂石。伴随着笛声,有只巨鸟振翅长啸,从江面掠过,隐于高山明月之巅

【苏轼眼光追随巨鸟,不由蹑衣登山,动作敏捷迅猛

参寥:子瞻何时变得如此勇猛?

陈慥:当初在凤翔过独木桥,子瞻可是万不肯过的,章子厚平步如飞,还被子瞻讥诮,说子厚可杀人。

佛印:(笑)看来如今的子瞻历经大痛,也可以杀人了。

吴复古:只是不知道子瞻要杀的是过去还是现在?

【说话间,子瞻已经登至山头,明月之下,山崖之巅

【陈慥正欲呼唤,被吴复古制止

吴复古:待他归来

【只见苏轼伫立山巅,凝固如石雕一般。众人也自顾饮酒,不再理会

【忽听苏轼嘷然长啸,其声初较平和,有克制,情绪渐起伏、跌宕,最后撕心裂肺,悲绝之极。声音在两岸山谷间迢递传音,彼此相应。一时间,风动空山,草木震动,夜鸟惊飞,满山的黄叶在月光下闪动,飘飞,好似掀开万千鳞甲

【苏轼好似为之悲戚、痴绝,继而凛然、震慑,又连作数声,一

114

泄年来的抑郁仓皇之痛。江面风起云涌,大鱼飞跃,江水拍击两岸的声音似乎更响了

【苏轼颓然而卧,于山巅之上,明月之下,覆天履地,沉沉睡去

【明月当空,只见那只巨鸟悄无声息地天际飞来,绕崖巅翩然盘旋,尔后向江面滑翔,隐于那片粼粼的波光之中

【光弥漫,水、月、人俱融入茫茫光海,唯有江声不歇

【江上日色起,大江依旧,两岸鸡犬声,柴门开阖声,远处集市的喧哗声……一切世俗生活的气息席卷而至,昨夜的畅游不过是个梦,生活就是一步一步往前挪

【左区渐起光,苏轼农夫装扮,一家老小于东坡锄地,薅草

【右前区,起光,苏辙出场,官服,为生计,也为职务,晨出暮归,两渡江水,忙酒与盐

【《雁南飞》的旋律起

【苏轼一边劳作,一边口授《猪肉颂》,其余人在一旁跟着做杂活,苏过(八岁)脆生生的童音

苏过:黄州好猪肉,价贱如泥土。

　　　贵者不肯吃,贫者不解煮……

苏轼:净洗铛,少著水,柴头罨烟焰不起。

　　　待他自熟莫催他,火候足时他自美。

苏过:净洗铛,少著水,柴头……罨……烟……焰……

115

朝云：（打趣）学士好啰嗦，过儿，就是四字：文火、慢炖

【众人笑

闰之：（笑）子瞻又说大话，"价贱如泥土"？

（指着脚下地）我可只见着这泥土，碰不着那泥土！

苏轼：你们解诗都厉害！幸好当初没在御史台——

我来教大家吐纳，餐天地之精华，如何？

闰之：（抢白）当然，修得仙风道骨，最重要的是静坐可以扛饿！

【众人大笑

苏迈：（老成）我们还是学学叔齐伯夷，挖点野菜是正经

闰之：好！你们有本事挖得野菜，我就有本事煮出肉的味道来

【众人苦中作乐，相互嘲笑
【苏轼长身，远望东南，怅然

苏轼：肉的味道……我这伯夷倒好，至少还有猪肉、野菜，

听说州郡长官排挤子由，不知境况比那叔齐又差了多少？

【众人渐安静，唯有江声拍岸

【《风雨对床之约》的旋律起

【光转,秋江

(舞台说明:以下子瞻、子由心灵对话部分,子瞻雪堂静坐呈现均以写意的剪影的方式出现;子由始终早出暮归,忙碌、穿梭于江上,以近于写实的方式动态呈现。这两种符号标记之外,亦不排除有脱离剪影写实形象之外的心灵真实形象出现,如对唱、如幻梦等场景,也就是说,不排除两个苏轼、两个苏辙同台出现)

【后左区,苏轼雪堂静坐。前右区,大桥跨江,苏辙扛着盐袋,时而搬着酒瓮,匆匆来往于桥上

【《风雨对床之约》的旋律渐大

(画外,人声吟诵):橹声苍茫外,江村夜归人。

【右区,苏辙依旧匆匆,来往奔波,有时经过右前区东轩,稍愣,旋即又匆忙劳作

(兄弟俩的画外音)

苏轼:子由,我们的乳母八月去世了,她陪了我们三十余年

苏辙:哥哥,小女,也就是你的第六个侄女,月初夭亡了。

苏轼:子由,十月,我们的堂兄子正去世了。

【沉默,音乐旋律渐强

苏轼/苏辙:(怅然)子由/哥哥,我们很久,很久没有回眉山了

【只有《风雨对床之约》的旋律,雨点光斑,无声

【夜,风,又雨。矮矮的雪堂、茫茫大江,苏轼依旧静坐,孤灯独对;苏辙提灯笼逆风行于桥上,江上风雨大作,苏辙手扶雨笠,灯笼被大风刮到江面

【苏辙浑身湿透,狼狈不堪,经过东轩,竹叶在夜雨中硬而发亮,雨敲竹梢,声音响彻全场

苏辙:哥哥,你看我这东轩,比你雪堂如何?

　　晨渡江

　　奔市场,

　　鬻盐、沽酒、税鱼忙

　　泥糊案、纸做窗、

　　雨过蜗篆印满墙

　　暮归来

　　月未央

　　声犹在耳星满江,

　　夜复长夜旦复旦

　　东轩寥落竹影长

苏轼:子由,你日夜奔忙,

　　　这东轩,算是个眼前的梦罢?

　　　就像那蝉鸣,秋风一起,

昔日都化成了一具空壳。

苏辙：哥哥，你雪堂静修，

　　　外览江山，内收澄明

　　　只是大江风月，吐纳偃仰

　　　可否疗饥？

【二人大笑，颇多无奈、亦自嘲

苏辙：(悲怆)哥哥，我们本应该骏马奔腾

苏轼：(声音更为悲怆)

　　　而今却成了团团转转，茫然不知前路的磨驴！

(苏轼苏辙二重唱《磨驴》)

(两个制科出身、名满天下的人，被生活所限。时间/人生在
这种无望的等候/忙碌中消耗，如同磨驴。磨驴团团走的生
活，已是可悲，何况还那么贫穷、寂寞，茫茫不知前路

苏轼/苏辙：川流晨昏

　　　　　潮打空门无声

　　　　　潦倒万里

　　　　　听饥鼠舞榮灯

　　　　　千山月冷

　　　　　叶黄断梦纷纷

蹉跎半生

看灯下白头人

奔腾

团团转转

踏不出归程

【大雪茫茫,雪堂灯昏,温暖,微弱,也孤寂,苏轼静坐剪影如枯僧

【大雪纷飞,苏辙如一雪人,来往桥上,行路迟迟,东轩雪压竹枝低

【除夕,零星的鞭炮声、远处笑语声

【左后区,雪堂,苏轼依然静坐,完全农夫模样。右前区,苏辙终于停了下来,素茶一杯,独对一盆冷灰的火炉,二人均已零星白发

【二人各向虚空,静默中,鞭炮声、烟火爆起,一片璀璨,亦更加零落、萧索。远处童声:"过年啰——"

【左前区,儿时幻境,三人对唱《岁末之蛇》)

苏洵:这辞旧迎新,像什么?

苏轼(童声):这辞旧,像那钻洞之蛇

就算拼尽了全力

也只好眼睁睁看着它消遁在眼底

像那沉睡的土地

曾有过的鲜活都恍若幻境

苏辙(童声)：这迎新,也像那钻洞之蛇

眼底还留着消遁的记忆

可待到春回,

天地焕然一新

存念的,不过是去冬的一张皮

苏洵：(笑,赞许,感慨)你俩啊……人间万事,哪由得自己。

程夫人：(感叹、嗔怪)你看你这父亲教的……

佳节喜庆,怎反作悲音?

【一个大大的焰火爆出,随即一片暗黑,悄无声息

【声起,大雪压枝的声音,渐变至冰雪融化的声音,清澈、零落,渐至纷繁

【冰雪开始融化,江面解冻;江声渐起,色渐入春

【江水滔滔,昼夜不绝,天辽地阔

【雨打江面,苏轼正于壁间画竹,朝云于一旁笔墨伺候

苏轼：与可兄每画竹,总先成竹在胸,然后振笔直遂,如兔起鹘落……

与可,天下至人也!

朝云：先生书画诗词文章、为人为政,亦足称天下至人!

苏轼：(苦笑)我?天下至贫至窘至愚至拙之人!

【苏轼画毕,远观

朝云：先生之竹，何以如此清寒？

苏轼：初至黄冈，常无眠，小轩岑寂，月空明，见疏影横欹于东墙之上。

朝云：(眼一热，哽咽)当时，先生亦如这竹一般寂寞罢

【苏轼回头深深看了看朝云，沉默

朝云：(转移话题)夫人待会又要责怪先生到处涂抹了。

苏轼：(看看外面，正雨)闰之总记挂着她的地

朝云：夫人记挂的是一家人的肚皮

苏轼：肚皮？(拍拍肚皮)你看我这肚皮里是什么？

朝云：先生一肚皮的不合时宜

苏轼：(大笑、不住声地夸奖)不合时宜？

对！说得对极了！

唯有朝云能识我，唯有朝云识我！

【王闰之匆匆闯过来

王闰之：东坡的地，被山洪冲垮了，颗粒无存……

【江面白浪摇山，暴雨如注

【连日冷风苦雨，再加之内忧外困、饥寒交迫，苏轼感于平生遭际，沮丧到极点，挥毫快书《黄冈寒食诗帖》

【苏轼边写边诵，情绪越来越激动

【舞台上，巨幅书法《黄冈寒食帖》随着苏轼的吟诵，字迹

显现

苏轼：（吟诵）自我来黄州，已过三寒食，

年年欲惜春，春去不容惜。

今年又苦雨，两月秋萧瑟。

……

【苏轼情绪越来越激动，后变诵为歌，最后长歌当哭
（苏轼咏叹：《黄冈寒食诗》苏轼原作）

苏轼：春江欲入户，

雨势来不已。

小屋如渔舟，

蒙蒙水云里。

空庖煮寒菜，

破灶烧湿苇。

哪知是寒食，

但见乌衔纸。

君门深九重，

坟墓在万里。

也拟哭途穷，

死灰吹不起。

（写至最后，声音越来越大，越来越悲切）

也拟哭途穷,死灰吹不起

死灰吹不起

吹不起……

【回声不断,苏轼持笔蘸满墨,然已无处可写,苏轼垂手颓然
而立,墨汁一点一点地滴下来,在衣裳上晕染

【光渐暗,风吹得空中垂挂的书帖哗哗作响

【收光

【夜,风,灯影绰绰,墙上垂挂的书帖哗哗作响,书帖上的字
发着黑而亮的光

【一阵咳嗽声,窸窸窣窣穿衣服、递东西的声音,多人快步走
的声音

【微光,灯火更加摇曳欲灭。神宗从案上撑起身,他一脸倦
容,疲惫、消沉,背景上的影子巨大,然衰颓

神宗:苏轼可有消息?

【跪下的众人,隐在暗影中,只见轮廓,只闻其声,声音客观
冷漠,无感情色彩

【伴随着暗影的声音,苏轼、王安石出现在不同光区

暗影1:陛下,苏轼在黄冈,开荒地自给,诗文唱和,往来僧道居多。

【不同区域光起,苏轼在黄冈,农夫打扮,从东坡曳杖归来

苏轼:(吟诵)莫听穿林打叶声,何妨吟啸且徐行。

神宗:(感叹、羡慕)苏轼还是那个苏轼,

可新法已然不是当初的新法了——

王安石近况如何?

暗影2:王安石罢相之后,不谈时政,不访故旧,骑驴登山,不着一言。

【另一区域光起,居家打扮的王安石,骑毛驴,奔走于山

高太后:(插话)听说其子逝后,精神大不如前,怕是不能久远

神宗:(寂寞、萧索)久远?谁能久远?

死,我们殊途同归;活,却为何彼此偏离?

【王安石、苏轼在不同时空,对此话似有所应。彼此相望,又似乎面对虚空,充满迷惑

【苏轼、王安石各自上前,声音几乎同时,有错落

苏轼:我们为着富国强兵

王安石:我们为着富国强兵

神宗:我们为着富国强兵

苏轼:却为何?

125

王安石：却为何？

神宗：却为何？

三人合：中道分离！

【走向想象中的苏、王二人，但分明彼此看不见，擦肩而过

神宗：是什么力量，改变了方向？

（神宗、苏轼、王安石三重唱《是什么力量，改变了方向》）

神宗：是什么力量，改变了方向？
　　　中原星空，灿烂辉煌；
　　　范仲淹、韩琦、富弼、司马光，
　　　还有圣明的先皇，
　　　昂然挺立的，都是大宋的脊梁！

苏轼：是什么力量，改变了方向？
　　　圣言在耳，君恩如山，
　　　修齐治平致君尧舜上。
　　　雄心还在胸膛里呐喊，
　　　世事辗转，消磨了多少时光！

王安石：是什么力量，改变了方向？
　　　圣言在耳，君恩如山，

修齐治平致君尧舜上。

内忧外患燃烧着胸膛，

庆历革新,留下了多少怅惘!

三人合:是什么,是什么,改变了方向?

苏轼:不阿于世,独立高亢;

　　　随波逐流,活的是庸常!

王安石:执着坚守,堆高于岸;

　　　攀援诋毁,什么是真相!

神宗:凤栖于桐,百鸟群翔;

　　　夙兴夜寐,到头来一场空忙!

三人合:是什么,是什么,改变了方向?

　　　是什么,是什么,让我们选择了不寻常?

　　　是什么,让我们历尽艰辛,依然孤独神伤?

　　　是什么,让我们苦斗坚守,依旧前途茫茫?

神宗:是什么,改变了前行的方向?

　　　身为帝王,却无法保国土平安;

　　　殚精竭虑,并没有让大宋民富国强!

　　　变法革新,却四面楚歌荷戟彷徨;

　　　而立之年,却感到生命正在消亡!

三人合:满怀期待,收割的全是失望;

精进图强,结果却遍体鳞伤!

是什么、是什么?

改变了前行的方向!

【神宗紧握拳头,用力摁在案上,情绪难平,非常沉痛

神宗:是什么力量,改变了方……向。

【神宗剧烈地咳嗽,左右侍从忙拂拭,递水……烛火晃动,杂沓纷乱

【一戎装兵士急上,神宗一把推开侍从,踉跄上前,看着兵士,神情急切

兵士:陛下!夏人决黄河,水淹我十万大军……

【光急收,所有的一切隐于黑暗之中,唯有神宗立于光柱之中,悲慨之极,热泪滚滚

神宗:让……苏轼……回来吧……

【背景中,神宗放大的摇曳的影子,一缕红光从背景影子脚底慢慢生起,燃烧,渐上移,直至神宗胸膛,光如火焰般燃烧,似乎要将一切烧成灰烬。背后的火苗舔舐着神宗苍白如死灰的脸庞,渐渐熄灭,神宗大眼圆睁,满目的遗憾。光柱紧

缩,继续上移,神宗最后消失于黑暗中

【黑暗中有人惊呼了一声"皇上!"紧接着七嘴八舌的呼喊,哭号,声音杂乱一片。音乐铺天盖地而来

【光渐起,纷纷扬扬的大雪中,哲宗继位,太后听政

【太后形象虚化,一张瞩目的龙椅。九岁的哲宗坐在空荡的龙椅一端,如玩偶一般,视觉上极不平衡,荒诞。群臣参奏如仪,哲宗时时欲有所动、有所言,然如泥入海,没有任何声响

【另一大片空间如空阔的国土,官员们往来奔走如梭,迎来送往的客套寒暄,打探猜测之声不绝于耳,有兴奋,有猜测,有质疑……

甲:听说司马光今天走出了他的"独乐园"

乙:独乐乐不如众乐乐也

乙:苏轼兄弟要被起用了

丙:那有什么奇怪,早就说是宰相之才嘛

丁:有人看见司马光昨日离开了洛阳

戊:看来要变天了

己:变吧变吧,都习惯了

【以上全以背景音的方式出现,偌大的舞台上,实则空空如也,只有苏轼蜷缩在雪堂,翻了一个身,整个舞台在视觉和听觉上形成一种失衡。

【渐渐春暖,有声音传来,圣旨一道接一道,依旧冷淡无情。

《雁南飞》的旋律再起,抒情、深婉;紧接着画外苏轼吟诵《满庭芳》的声音出现

【三种声音相互交织,世路无穷,归期渺茫,前途往事,困惑、迟疑、留恋,尽在此中

(幕后):元丰七年四月,特授苏轼检校尚书水部员外郎,汝州团练副使,本州安置

元丰七年四月,复官苏轼为朝奉郎

元丰八年六月,苏轼以朝奉郎起知登州军州事

元丰八年十月,以朝奉郎知登州,苏轼为礼部郎中

元丰八年十二月,迁苏轼起居舍人

元祐元年三月,苏轼免试迁任试中书舍人(四品,宰相的属官,代拟王言)

元祐元年八月,迁翰林学士,知制诰(官居三品,草拟诏书)

……

【画外音隐于《雁南飞》的歌声和音乐之中,余音不绝

【画外吟诵《满庭芳》的声音

(《满庭芳》,苏轼原作)

苏轼:归去来兮,吾归何处?万里家在岷峨。

百年强半,来日苦无多。

坐见黄州再闰,儿童尽、楚语吴歌。

山中友,鸡豚社酒,相劝老东坡。

云何？ 当此去,人生底事,来往如梭!

待闲看秋风,洛水清波。

好在堂前细柳,应念我、莫剪柔柯。

仍传语,江南父老,时与晒渔蓑。

【第二场完】

第 三 场

故 乡 天 涯

第五幕：凤阙·帝师

【开封,宫廷

【哲宗好奇地张望

苏轼：太后,臣不能就职

太后：为何

苏轼：臣弟在朝,为兄理当回避

太后：何必多虑

苏轼：臣请辞,唯愿黄冈一农夫足矣

太后：你有怨气

苏轼：不敢,臣甘愿作一农夫

太后：你可知何以升迁如此之速?

苏轼：太后和圣上的恩典……

太后：非也!是先帝……(哽咽)先帝最后的旨意

【沉默,君臣感泣

【苏轼昂头,泪流满面

苏轼：臣,肝脑涂地,不足以报先帝知遇之恩!

【太后与哲宗从一侧下,哲宗回头好奇地看了眼苏轼,哲宗一直不语,此时转头对太后说话;与此同时,司马光从另一侧匆匆上

哲宗:这苏轼有点意思

太后:给你当师傅如何?

哲宗:一当老师,就无趣得紧了

太后:帝王家,哪有什么有趣无趣? 想你圣祖仁宗皇帝……(声音渐远,隐)

【司马光匆匆上,喧声夺人

司马光:子瞻,子瞻! 你回来了,太好了! 我们可以……

【苏轼和司马光热情相拥,恍如隔世
【苏轼和司马光对床夜话,谈诗论文,谈论朝政,彼此感慨万千
【光线变化,司马光激情满怀,绘制着未来的政治蓝图

苏轼:公闭门三年,而成煌煌巨著,厚馈世人

司马光:子瞻黄州苦守,然文盖当世,已无人能出其右了

苏轼:儿童诵君实,走卒知司马。今公主事,众望所归

司马光:子瞻,大有为之时,正在今日——

司马光:我们要协同范纯仁、刘挚之力,励精图治,共致太平……

司马光：我们要首开言路,指陈朝廷弊政,民生疾苦……

【天色变化,司马光起身,很兴奋,也很坚决

苏轼：公所要实施的,都是上应天心,下合人望的事。
司马光：我们要一洗新法的阴霾,全面恢复旧法。

【苏轼一愣

苏轼：这……新法全废一事,不可轻议……

【天欲曙,鸡鸣,司马光不待苏轼说完,一把拉起苏轼

司马光：走！我们朝堂上继续说去！

【群臣上朝,红日初升,渐至阳光满堂。通过光线变化表现
一种期待、希望和力量,为下面气氛陡转作铺垫和反衬,至盈
则亏
【光大亮,朝堂上,群臣论治,众人滔滔,为太后所中意,哲宗
为太后光辉所隐,亦隐于光中,时隐时现,众臣亦不以为意

太后：安石误国！（与前呼应,这次更沉痛,也更不容置疑）

【司马光欲尽废新法,苏轼辩论,更为直切

司马光：新法宜全面废止。

（众臣反应参差不齐、莫衷一是）

范纯仁：宰相之责，在于求才，变法不必太急。

【司马光默然无语，范纯仁无奈，退一步说

范纯仁：相公执意如此，不如先择其一，试行后再考其利弊，若何？

【苏轼上前，欲语，为苏辙所阻

司马光：我们要正本清源。

苏轼：（实在按捺不住）新法实施多年，全面废止，会惊扰百姓。

司马光：新法流弊百端，一直在侵害百姓。

苏轼：当初新法百弊之一正在于全面铺开，一法未行而新法又至，
　　　且推行迅猛，现在全面废除，一如当初。
　　　（语气稍缓）不如遵照纯仁所言，逐一甄别，修订完善，适时
　　　变通。

司马光：不彻底正本，如何完善、如何修订？如何变通！

苏轼：非也，新法的本在于富国强兵，这是先帝和王荆公变法的初
　　　衷，也是早先庆历革新的初衷。部分新法确有利民利国之
　　　功，比如免役法，虽亦有弊端，然较之之前的差役法……

司马光：（抢过话头）既有弊端，当斩草除根，永绝后患。

苏轼：（觉得不可理喻）苏轼辗转地方多年，以所见事实为据。

司马光：事实？什么是事实？

先帝殚精竭虑是事实！

王安石孤行误国是事实！

新党要置你于死地也是事实！

苏轼：（倔强）法无新旧，以良为是！

【司马光满脸怒气，情绪岔然，苏轼恍然不觉，继续毫不顾忌地进言

苏轼：新法未必尽废，新党也未必尽奸！……

司马光：（冷冷地）苏轼此论，大谬！

苏轼：当初公为谏官，与韩魏公（韩琦）据理力争。

莫非公今作宰相，就不容苏轼尽言了吗？

【司马光脸色很难看，他转身，已不愿再听，苏辙拉拉苏轼衣袖，苏轼置之不理，一股劲地继续争辩

苏轼：若只为着曲媚相公，我等还不如少年时便迎合王安石，早就既富且贵！

【司马光拂袖而去，众臣散，苏轼辩论未尽，气得乱叫

苏轼：司马牛！司马牛！

苏辙：哥哥！人家到底是宰相！

苏轼：公何许人也，宰相肚里能撑船，温公肚里更能撑船！

【苏辙摇摇头

苏辙：只怕温公还是温公，

　　　但宰相到底是宰相！

【光转，苏轼和哲宗的课堂上，当时哲宗十一岁，既有孩子的任性、天真，也有特殊身份、环境下的偏激和心机

哲宗：何必为了几道法令，吵嚷不休？

苏轼：法令的一丝一毫变更，都会牵扯到老百姓的死活。

哲宗：法的新旧，会影响到势位、权力吗？

苏轼：会，本是抱着为国为民的初衷，稍有不慎，便易引发后世党争，与国运生死攸关。

哲宗：那君呢？有人为君吗？

苏轼：君即是国，国即是君。

哲宗：不，国就是国，君就是君，太后是国！

【哲宗愤愤不平，也借此观察、试探苏轼，苏轼一愣

苏轼：（思索）国，是大宋，陛下与大宋一体，不可分离。

哲宗：朝中满目皆是太后。

苏轼:众臣满怀都是大宋!

哲宗:如此,则大宋只在太后之后。

苏轼:大宋、太后、陛下,本自一体,如何分离?

哲宗:我每日望其臀背,不见大宋,不见诸臣。

(突然露出孩子气,气鼓鼓地,指着苏轼,指着周围空无一人的存在)想必你、你们,也都望不见我! 望不见朕!

【苏轼愕然,收光

【光起,程颐圣前讲学,哲宗昏昏欲睡,程颐只管摇头晃脑搬书

程颐:陛下,要远小人,亲贤臣⋯⋯无近酒色⋯⋯

【哲宗极不耐烦,起身随手折一柳枝玩,程颐正讲得陶醉,眼见如此,不由痛心疾首

程颐:而今时当春和,万物生发,陛下无故折柳,伤天地和气⋯⋯

【哲宗先听话锋一转,正好奇,后听完面色大变,强自忍耐

哲宗:(冷冷地)不过一枝柳而已

程颐:一叶可以知秋,一柳亦⋯⋯

【哲宗忍无可忍,气急败坏,将柳枝掷之于地

哲宗:(咬牙切齿)今日经筵,该结束了吧

【程颐收拾书本,躬身欲退,意犹未尽

程颐:臣……虽孔子复生,为陛下陈说,亦不过如此

哲宗:(高声,一字一顿)今日经筵,该结束了吧

【程颐退,正好苏轼上,苏轼忙侧身一旁
【哲宗余怒未消,一把将书案上的书直接掀翻在地,愤愤地,
对着苏轼

哲宗:我自折我家柳,和他有什么相干?和孔子有什么相干?

【苏轼收拣地上书本,哲宗越说越快,越走越急,绕着苏轼尽
管控诉,苏轼抱着书,有点不知所措

哲宗:迂腐老朽,满口陈言!
哲宗:他若不是动辄圣贤,枯燥乏味,我至于折柳条玩嘛?
哲宗:哼!还自比孔子,不,还自认为超过了孔子!
哲宗:让我远小人、不近酒色……哼!远小人!我,不!朕!连朝
　　　臣都近不了,近得了小人吗?
哲宗:还不近酒色……哼!(稍顿,不觉莞尔)亏他想得出来!

【苏轼哭笑不得

哲宗：(愈加觉好笑)哈哈！不近酒色，不近酒色……
　　　(说明：刻意将"我"与"朕"混用，表现出还是孩子的哲宗君
　　　王意识的觉醒的失衡心态)

【十一岁的哲宗发泄完，边走边笑，隐于光中
【苏轼愕然，心中若有所言，然又无从言说
【收光

【夜半，烛火，更声
【苏轼焦灼，徘徊于室，王闰之和朝云侍立一旁

王闰之：子瞻，夜，已经很深了

【苏轼晃晃手，依旧不发一言
【苏辙上，王闰之和朝云退至一旁

苏辙：哥哥何以不睡？
苏轼：我思来想去，欲求外放
苏辙：外放？你不是刚从杭颖淮扬召回吗？
苏轼：我性不忍事，难安缄默，实在不宜人中周旋

(苏轼独唱《外放》)

Ⅰ43

苏轼：在朝廷，徒作箭靶，

论新法利害，开罪了丞相；

憎迁制腐礼，得罪朔洛两方

经筵论黄河，又让执政不爽

我还是到地方吧，

与其无益于国家

还不如残灯微明

为民保民，纾救一方

苏辙：哥哥，不愿和光同尘，自会成为众矢之的

只是这帝师之职，恐不宜轻辞

苏轼：（焦虑）：

皇上天资聪颖、心性仁爱，

但年纪尚幼，识人论事任性情

今对太后垂帘已颇有异议，

恐怕为人误导、行事偏激。

苏辙：成事在天，此事已非人力

苏轼：只有拼死谏言，恪尽帝师之责。

苏辙：只怕诤言未尽，打击又至

苏轼：帝师之中，皇上唯与我稍亲近。

倘能略进一二，让大宋日后避开风雨，

我区区苏轼又算得什么？

王闰之：（埋怨、担忧）为什么你总是不能和大家一样，

好好当个京官，一生富贵太平？

苏辙：（笑）那哪还有眉州苏轼？

苏轼：（苦笑）太平宰相？这就不是我俩的命。

【众皆苦笑，朝云、苏辙、王闰之等为之感触万端

【苏洵、程夫人、王弗等隐隐约约，作为背景出现

（苏轼兄弟、朝云、王闰之……对唱、轮唱、重唱《你总是不合
时宜》）

王闰之：变更旧法，你站在潮流对岸

　　　　废除新法，你又把反对的旗子高张

　　　　湖州被逮，拿太守如捉小鸡模样

　　　　羁押乌台，你忘了生死彷徨

　　　　诗词笔墨张扬，出口全无提防

　　　　只凭性起，哪管家人提心吊胆

　　　　好了伤疤忘了旧疮

　　　　为什么你总是不能和大家一样？

【苏轼颇为歉疚，向王闰之作揖求饶

朝云：立身处世，学士独立傲岸

　　　坚守原则，从不随波逐流改弦更张

密州出猎，太守千骑卷平冈

东坡明月，襟怀耀雪堂

诗词笔墨酣畅，文采神思飞扬

一腔真情，哪管生死得失计量

为民为国赤子心肠

学士一肚皮的不合时宜模样

（众人大笑）

苏轼苏辙（合）：幼学眉山，慈母教我们学范滂

　　　　　　　　怀远风雨，许国的誓言从未消亡

苏轼：（内疚）筠州监酒苦

苏辙：（自嘲）朝中副相忙

苏轼：帝师

苏辙：谪臣

二人合：不改肩上的担当

苏轼：不计个人荣辱

苏辙：不惧他人诽谤

众人合：生死共赴是我们（你们）兄弟模样

【苏轼笑，对众人

146

苏轼：改不了，拖累大家，跟着我一起流荡。

苏轼：某求外放，

　　　只是不愿逢迎俯仰，无谓耗费时光。

　　　今将求去，

　　　然师傅之责还得担当，

　　　我欲倾毕生所学，上溯汉唐，

　　　将君臣大节、政事之要，

　　　编成一册，以备皇上以后进览。

【后面诸幻影隐约，交流

苏洵：（摇头）才高，名盛，言切

　　　　　　在他人，有其一，亦足荣耀于世

程夫人：于子瞻，其一足以受累，更何况有其三！

王弗：子瞻一生坎坷，全赖于此三者！

【众无奈，隐，唯余苏轼灯下著书，王弗隐隐约约，将苏轼笔
下文字读出声来

王弗（苏轼）：臣荷先帝之遇，保全之恩……臣等非不知言出怨生，

【星光，更夫的声音，远而近，又远
【王弗画外音，读苏轼上哲宗书

王弗（苏轼）：臣非不知陛下必已厌臣之多言，左右必已厌臣之

多事……

【灯昏,王弗拨亮灯,苏轼继续

苏轼:然臣而不言,谁当言者?

【王弗画外音,读苏轼上哲宗书

王弗(苏轼):然受恩深重,不敢自同众人,若以此获罪,亦无所
            憾……

【鸡叫声,天色微白,尚有晨星未堕
【光转,星光,苏轼上朝路上,王弗的声音自然过渡为苏轼的
声音

苏轼(画外音):一曰慈,二曰俭,三曰勤,四曰慎,五曰诚,六曰
            明……此六者,皆先王之陈迹,老生之常谈。言无
            新奇,人所忽易……

【天微亮,苏轼捧书册,候朝门,待皇上召
【苏轼画外音继续,对哲宗的谆谆教诲、拳拳之意,盈盈在耳

苏轼(画外音):陛下之学,不在求名,不求人知,亦不必为章句科举
            作计……

【光线变化,苏轼依然捧书册,候朝门,声音时高时低,渐入渐出

苏轼(画外音):但是要能周知天下章疏,观察臣下的人品、文章,辨析事理……

【日中,烈日,苏轼候朝门,画外音继续

苏轼(画外音):……此乃万几之政,非有学问,无所折衷尽理……

【日落,开门声,宫人出来,苏轼满怀期待地看着宫人

苏轼(画外音):愿陛下置之座隅,反复熟读。必能发圣光性之高明,成治功于岁月……

【宫人走到苏轼面前

宫人:皇上说,八年了,听先生教诲不少……书,先放你那吧,人,也不必见了,直接去定州吧。

【收光,风声起,几张书页飘散,慢慢飘至暗处

【风声渐大,兵戈之声,脚步杂沓声,士兵言语声、催促声

【后区微光起,人影晃动

(幕后,画外音)

1:快!快点!苏总管今日要检阅军队

2:听说要整治军纪了

3:这定州,早该整治了

4:终于来了个不怕事的主

5:再不来个实干的主,这定州的戍防,就真完了

6:还听说要为大家改建营房了

【鼓声出,人声渐寂,唯风中将旗猎猎作响

【一声长号,前区雾起,雾中兵士肃立,长号不绝,着戎装的
兵士晃动,隐约出现雾中,鼓声越来越激烈

【鼓声、兵戈声、马嘶鸣声,声音交响,与视觉中的大雾弥漫
衔接

【远处大雾中有闪电闪烁的痕迹,发出噼啪的声响

【噼啪的声响越来越大,雾弥漫照旧。突然一声号角破空而
来,其余诸音消失,号角尾音不绝,终消失于一片浓雾之中

【"吱呀"一声门开合的声音

画外音:公元1094年,哲宗亲政,改元绍圣

【冷冷的诏令声,与前画外音几同时出现,稍后

150

诏令(画外音)：绍圣元年四月,苏轼,以左朝奉郎责知英州军州事

【诏令的回音不绝,雾继续

画外音1：这雾好大!

吴复古的画外音：心底明,就没有雾啦!

【苏轼爽朗达观的笑声

苏轼：瘴疠炎陬,去若清凉之地;

　　　苍颜素发,谁怜衰暮之年。

【背景渐显,大庾岭,依旧云雾缭绕

第六幕：蚂蚁·天涯

（大庾岭）

【苏轼携家带口，行走在山路上，四季流转变化，画外不断有冰冷的宣读旨意声音传来

（画外音1、2有区别，画外音1如读诏令，客观亦刻板；画外音2，现代语音，有情感，有发挥。）

画外音1：元祐八年九月（1093），苏轼罢礼部尚书任，以两学士充河北西路安抚使兼马步军都总管、出知定州军州事。

画外音2：元祐，是太后执政时期的年号，元祐八年，太后死掉了……哇！十日之内，朝廷就给苏轼连下了五道诏令。

画外音1：绍圣元年（1094）四月，苏轼以左朝奉郎责知英州军州事。

画外音2：绍圣，就是要继承先帝遗志，哲宗这叛逆小孩要变天了。

画外音1：依前左朝奉郎，责知英州军州事。

画外音2：左朝奉郎是正七品，跟黄州时一样的级别。

画外音1：降官为左承议郎，仍知英州。

画外音2：左承议郎，这是从七品，官阶降了，看来有人很在乎，不过对苏轼，应该没啥区别吧。

画外音1：合叙，复日不得与叙复，仍知英州。

画外音2：哇，又降……合叙、复，也就是该恢复官位时不得参与叙复考核，这招够狠，永绝起复的念想。

画外音1：苏轼落建昌军司马，惠州安置。

画外音2：司马，八品，比小小的别驾还小。要知道，之前苏轼是官至三品，殿阁学士、翰林学士。

画外音1：八月，再贬宁远军节度副使，惠州安置，不得签署公事。

【伴随着嗒嗒打字声，《雁南飞》的旋律起

幕后：雁南飞

又见雁南飞

秋风白芦苇

何时归

问君何时归

一杯黄花醉

【大庾岭，古来文官南贬的必经地，道旁留下了若干碑文、诗词痕迹

【秋风萧瑟，苏轼、苏过、朝云、两解差一行五人行至大庾岭，歇脚，周围石碑林立

153

【落木萧萧,一只大雁划过长空,一声孤鸣,隐没于山。众人的目光追随雁迹,不由凄然

朝云:这荒山野岭,学士还念国不?

苏轼:(朗声笑)许国心犹在,奈何——

　　　(无奈、自嘲)康时术已虚

【苏轼眼阅、手抚一座座碑文,感慨万千

(苏轼咏叹调《大庾岭》)

苏轼:故乡遥遥无期

　　　大雁不再向南迁徙

　　　多少文人流经这荒岭

　　　就像这铁打的营盘流水的兵

　　　张曲江手植梅花万株开

　　　韩退之雪拥蓝关马不前

　　　沉浮的仕宦

　　　耿介的情怀

　　　多少士人在这里把双眼望穿

　　　你看这无涯的云端

　　　你看这浩瀚的高天

　　　人生,可以如此无边

安乐和忧患,本是天然

卑儿田院,宰相朝天

一切不过是风烟挂眼

【苏过也跟着看壁上的诗文,一一点阅过来,脆生生的声音

苏过：平南越的杨仆,把钓竿的刘长卿

哇,还有号称燕许大手笔的张说!

(回头,看着苏轼,半晌)

父亲——

您忽而帝师,忽而罪臣;

时而戍防;时而躬耕

绯服银鱼、戎装道衣,

到底是哪身装扮最舒心?

苏轼：装扮就是装扮,绫罗苎麻,什么衣服穿不得?

吴复古的画外音：天悠地阔,什么地方去不得?

【吴复古从石碑后现身,二人相见,各自一愣,继而相视大
笑,同时(声音同步)

苏轼/吴复古：邯郸梦——

苏轼/吴复古：破矣——!

醒矣——!

【两人继续大笑，此后不再着一语，吴复古与苏轼拱手道别，带一道童飘然而去

【风声起，枯草丛中，白骨屡现

（苏轼、朝云对唱《过大庾岭》）

朝云：先生你看，这周围好多遗骸，都不知——

生着为谁，死去何归？

这荒寒瘴疠之地，

只有山风知道他们来过

只有鸦雀还记得他们曾经的空壳

【朝云拿出手巾，蹲下，收捡草丛中的枯骨，苏轼看着满地的枯骨

苏轼：一念失垢污，

身心洞清净。

抛弃了过去，也就抛弃了执着，

为生而生，向死而死，

通透澄明，还有什么迷惑？

（长舒一口气，对朝云、苏过，亦似对剧场众生）

今日苏轼过岭，也将抛却过往，

以这一身清净，安身立命去也。

【苏轼也蹲下捡枯骨,众人随朝云一起,将遗骸汇聚一处,瘗
埋、诵经超度

朝云:(轻语)一切有为法,

　　　　如梦幻泡影如露亦如电

　　　　皆作如是观……

【风声呼啸,有暮鸦悄然栖落,众人一时无语,朝云轻叹

朝云:先生若着道衣,我自着僧服罢
苏轼:(感叹、感激,凝视半晌)朝云!

【苏轼一手肩攀苏过,一手扶起朝云,俯瞰脚下山川

苏轼:浩然天地,

　　　　任我独行!

【苏过眼尖,远指山下,笑对父亲、朝云

苏过:快看——

　　　　这山顶还残雪未消,

　　　　可山下已是绿水春晓。
苏轼:(点头)待到惠州,定可见青梅粉桃!
朝云:(嗔,喜悦)先生总能于死地,发现勃勃生趣

苏轼：（笑）心如死灰，自然触目皆春

【众人沿山迤逦而下，溪水相伴，一路春色，渐闻人家鸡犬之声

【苏轼诗意大发，吟诵《蝶恋花·春景》，朝云先吟后唱，男声
旷达通透，女声哀婉难以释怀

苏轼：（吟诵）花褪残红青杏小，

　　　　　燕子飞时，

　　　　　绿水人家绕。

　　　　　枝上柳绵吹又少，

　　　　　天涯何处无芳草。

【音乐渐起，苏过、朝云心中默记，边记边理解，也不觉低语
出声，朝云声音凄婉，苏过声音清亮

朝云／苏过：（低语，慢速）

　　　　　花褪残红青杏小，

　　　　　燕子飞时，

　　　　　绿水人家绕。

　　　　　枝上柳绵吹又少，

　　　　　天涯何处无芳草。

　　　　　……

朝云：（唱）

　　　　　花褪残红青杏小，

燕子飞时，

绿水人家绕。

枝上柳绵吹又少，

天涯何处无芳草。

……

【朝云唱罢，泪落如雨

苏轼：（笑，也安慰）朝云多情！且听下阕——

苏轼：墙里秋千墙外道。

墙外行人，

墙里佳人笑。

笑渐不闻声渐悄。

多情却被无情恼。

【朝云泣不成声

朝云：上天赋先生英才，又予先生苦海无边。

苏过：苦中有乐。没有苦，焉知乐之为乐？

苏轼：（爽朗笑，嘉许）真吾儿也！

【对山有声音回应

苏轼回声：真吾儿也！吾儿也……

【众人觉得有趣,朝云、苏过争着先后学说,对面山回声不断:"真吾儿也……"众人一路说笑着,与青山对答,云缭雾绕,恍若仙境

【有通透的声音传来,参寥、陈慥的幻像出现于对面山间,隔水问答

参寥:子瞻,你将天下怨责一肩担回,何以不着一言?

苏轼:变的是世事云烟,不变的是为人生的一腔热情。何须怨责?

陈慥:子瞻,岭南地僻,如何过得?

苏轼:泥墙院落,野菜觅得,薄酒酿得,糙米饭吃得,便过一生也得。

陈慥:瘴疠弥漫,如何活得?

苏轼:是人何尝不病?是病皆可死得。

陈慥:子瞻,尚念眉州否?

苏轼:心心念念,苏轼眼中处处皆眉州。

参寥:(由衷佩服)子瞻精进,亦非昔日之子瞻也。

苏轼:黄冈之后,只有东坡。

陈慥:子瞻一向好友,孤身入岭南,如何得过?

苏轼:田间农夫、来往行人,还有这罗浮山、蒲涧水……白云清风,何处不是友!

陈慥:我等前来探望子瞻,如何?

苏轼:(笑)彼此须发如戟,何必作此小儿女态?

参寥:(与陈慥对视,笑)子瞻已入大自在,我们多虑了。

苏轼:诸君不必忧我。

苏轼:(声音远远传来)诸君不必忧我。

【参寥、陈慥二人消隐,回音不断

【苏轼诸人隐光中,山渐清晰,显惠州东新江合江楼,回声又起,与苏轼的声音扣合

回声:诸君——

苏轼:诸君不必忧我。

惠州民敬我爱我,礼遇我。

只恐老大没用处,时日蹉跎。

【水声哗哗,东江浮桥

【苏轼画外音

苏轼:诸君不必忧我。

惠州东江,行人如梭

唯有竹浮桥可通过

江水急峻,人常水中落。

诸君念我,须助我,

建船桥,渡行人。如何?

【陈慥、参寥等人读信的画外音

佛印:(笑)子瞻子瞻,你名为化缘布施,实为友情勒索。

苏辙:(笑)我这哥哥,怎会甘于寂寞?

陈恺:(笑)不做点事,你让他那一腔热血往什么地儿抛去?

【光起,苏轼坐合江楼上,不断有人运送东西来,朝云帮忙收拾

士卒:学士,这是按照你的方子从广州采购的黑豆。
农夫:(拿一竹筒)学士,引水入城的竹筒可是这种?

【一士卒风尘仆仆上

士卒:这是令弟托人带来的药材。
孩童:(从窗外过,探头,晃晃手里的纸)学士、学士,林行婆捎给你
    的酒方子!

【后区一群小孩跑过,笑声像风一样飘落
【光收,江上,浮舟已建成,桥随波荡漾
【惠州特色的音乐,笑语喧哗,人来人往,一群小孩跑过
前区
(童声合唱《东新桥》)

童声(合):东江东,西江西
        船桥横江长如鲸
        铁锁石碇沉江底
        随波涨落似虹霓

父老喜云集，

箪壶无空携。

三日饮不散，

杀尽西村鸡。

苏学士，仁爱心

修桥建冢捐玉犀

竹筒引水入城来

施药济民除瘴疬

父老喜云集，

箪壶无空携。

三日饮不散，

杀尽西村鸡。

【光转，惠州夜景，灯火、游龙，箫鼓之声渐闻

【月色如霜。苏轼在合江楼，试新酒

苏轼：朝云、过儿，快来！

　　　尝尝这坛新酿的桂酒

　　　林行婆教的法子

【苏过舀起就喝，朝云阻拦，悄声

朝云：先尝尝,别多喝

【苏过点头,小心翼翼地喝了一口
【苏轼、朝云都很紧张地注视苏过的表情,像等待评判结果,
苏过看了忍不住要笑,赶紧又喝一大口,最后索性干干脆脆
喝完一勺

苏过：香! 好酒!

朝云：(松了口气)看来这次没做成醋!

【苏轼大喜,舀起一勺,正欲饮
【太守携酒上楼,苏轼喜出望外

太守：先生名播惠州,百姓感念哪

苏轼：惠民待我不薄。来得正好,尝下我新酿的桂酒

朝云：(问苏轼)何物下酒?

苏轼苏过：(互相会意,不约而同)羊脊骨!

太守：羊脊骨?

苏轼：太守安知脊骨之美?

苏过：羊肉肥美在惠州

       徒有脊骨无人收

朝云(边收拾边接口)：煮熟、沥水、浸上盐和酒

        炭火,微煎,至味齿颊留

苏轼：肉已萧然,遗味在骨。

太守：（笑）恰似这宦海之身？

苏轼：（笑）恰似这俸禄微薄。

太守：（笑）正如这功名杳渺？

【朝云上羊骨，闻言接话

朝云：（亦笑）正伴这岁月蹉跎。

【众笑，苏过上杯盏，斟酒，苏轼举杯

苏轼：朝云向来妙人妙语——

    殊不知，这夺食之恨

    他日惠州之犬岂能容我？

【众人大笑，推杯换盏，夜沉，月升

【夜，月，苏过已一边沉醉，太守和苏轼继续对酌，一书生上，
洒脱豪迈、狂放不羁

狂生：听闻学士酿得好酒，能赐一杯无？

【苏轼举壶致意，三人也不言语，也不拘常礼，大啖羊骨，痛
饮数升，太守颓然而醉

狂生：痛快！痛快！

谁说岁月不居？

且伴这羊骨共沉浮！

【狂生饮毕,略一施礼,昂首而去,远远歌声飘来

狂生：檐前白日为我有

篱下黄花为我开。

【苏轼为歌声感染,携壶自酌,望月而歌

苏轼：到处相逢是偶然,

梦中相对各华颠。

【远处更鼓隐约,已然三更,江面上水汽升腾,江月愈加朦胧迷离

【苏轼俨然醉意,取琴而歌

(《醉翁操·琅然》苏轼原作)

苏轼：琅然,清圆,谁弹,响空山。

无言,惟翁醉中知其天。

月明风露娟娟,人未眠。

【有一仙者,携一道长,翩然而至,道长手携斗酒,仙者则衣恍榔叶,丰神英发,高举酒杯,杯体硕大,通体翠碧

仙人：惟翁醉中知其天,子瞻,尝真一酒乎?

【三人就坐,各饮数杯,击节高歌

苏轼：子有真一酒,子识六一居士否? 君且与我醉翁歌。

(男声合唱《醉翁操·琅然》下)

三人(合)：醉翁啸咏,声和流泉。

　　　　醉翁去后,空有朝吟夜怨。

　　　　山有时而童巅,水有时而回川。

　　　　思翁无岁年,翁今为飞仙。

(反复吟叹)：思翁无岁年,翁今为飞仙

　　　　　思翁无岁年,翁今为飞仙

　　　　　……

【一时间,合江楼下,江月迷蒙,亦真亦幻

【苏轼白发苍颜,醉眼朦胧,举杯对着那恍惚迷离已醉成泥
的道长、虚无缥缈亦真亦幻的仙人,独自瞎说
(苏轼咏叹调《醉中念子由》)

苏轼：子由,今夜波澜壮阔,好似昔日在黄州

（苏轼晃晃酒杯，看着手中的羊脊骨，说话已经不太利索）

苏轼：揣着肉的念想

　　　剔抉搜寻……那早已淡然无存的时光

　　　子由——

　　　我们昔日赴御宴，食珍馐，焉知羊骨的遗憾？

　　　我们中大科，登金门，上玉堂，孰料终老在岭南？

苏轼：子由——

　　　你我若就此拍浮一生，

　　　共岁月蹉跎，岂不快活？

（苏轼脚步踉跄）

（笑，终支撑不住，喃喃自语）

　　　不过，子由你看，这白鹤岭，不是故乡，胜似故乡

（苏轼伏在案上，欲睡，兀自还喃喃自语）

苏轼：不是故乡，胜似故乡……

【苏轼沉沉睡去，声犹回荡

【月下，杯盏狼藉，泛着冷光，江声渐大

【收光，轻微的呼噜声，江声澎湃

【轻微的呼噜声,江声澎湃

【黑暗中,杂沓的脚步声,当地人急促的声音

当地人：先生,先生!

【光起,一个当地人匆匆过来,摇醒苏轼,苏轼睁开眼,茫茫然

当地人：先生!

当地人：朝云、朝云夫人,中了瘴气,怕是不行了

【苏轼遽然起身,结果站立不稳,又颓然坐下

【苏轼茫然、恍惚,一片白光,场景白化

【白光中人影渐显,朝云恍惚游离,影影绰绰

【朝云斜倚在苏轼身旁,将手伸向苏轼,轻抚其脸,强笑,声
音低微

朝云：先生……

朝云：（断断续续,气若游丝）

　　　一切有为法。如梦幻泡影,如露亦如电……

【苏轼将朝云的手贴在自己的脸上,泪如雨下

苏轼：（哽咽）朝云……

朝云：先……生……

【朝云的手从苏轼手中滑落,无力垂下,缓缓而绝

(幕后,类似于叹息的人声):高情已逐晓云空,

　　　　　　　　　　　　不与梨花同梦。

【随之僧道俱诵佛号,声浪席卷而来

僧众(合):一切有为法

　　　　如梦幻泡影如露亦如电

　　　　应作如是观。

【诵偈声渐与波涛、松涛融合,最后涛声阵阵,茫茫海浪一
片,从后区铺天盖地而来,盈满舞台

画外音:绍圣四年(1097),责授苏轼琼州别驾昌化军安置,不得签
　　　书公事。

【收光,巨大的海浪声继续

(时苏轼年六十二岁)
【巨大的海浪声,海鸟叫声,风声……一叶扁舟如芥末,颠簸
在茫茫大海
(父子对话《蚂蚁》宣叙调,亦可画外音处理)

苏过：父亲，

　　　　你听这风！

苏过：父亲，你看这浪！

　　　　父亲！

　　　　父亲！船，进水了！

苏轼：过儿，你怕吗

苏过：父亲——

　　　　这船怕是要翻了！

（苏轼拍拍身旁的凳子）

苏轼：来，坐下，你看——

　　　　这一叶扁舟，浮于大海，

　　　　好似一只蚂蚁，行于盆水之旁

苏过：盆水倾覆，恰似船中进水

苏轼：蚂蚁仓皇四顾，觅得芥末一粒

苏过：虽附于一粒芥末，然一片汪洋，随时有灭亡之虞

苏轼：蚂蚁徘徊于生死之门，哭诉无地

【风浪渐小，苏过神色稍定，苏轼吩咐苏过各据一侧

苏轼：来，我们舀干这舱里的水

【父子俩舀水，只听见海浪声、海鸟声、泼水声

【父子俩相互拧干打湿的衣服,苏轼边拧衣服边说

苏轼:顷刻间水涸地出,条条通衢……

【苏过沉思,苏轼亦不再继续

苏过:父亲,你,可曾怕过?

苏轼:(大笑)我?

我就曾是那只蚂蚁。

【收光

【巨大的海浪声,海鸟叫声,风声继续……

【光起,海南岛风物,近旁有大石头,远处一舟如芥,漂浮在茫茫大海

【海浪声渐消,音乐,海鸟声隐约

【苏轼挂杖,踞大石上,旁边苏过正与一黎族青年下棋,厮杀正酣

【苏轼一旁观战,非常投入,旁边卧一条大狗,再旁边放着一当地背篓,里面放着些草药

【两个黎族姑娘兴冲冲地过来,抢着说话

黎族姑娘1:先生,阿爹服了你的汤药,现在已经可以下床啦。

黎族姑娘2:阿爹说,以后生病就用你的法子,不杀牛啦。

苏轼：好！不杀牛就好！（指指背篓）以后我还要教你们识些草药，

就可以——

【一黎族青年匆匆地跑过来,焦急打断

黎族小伙：先生,我家牛病了,站不起来了

苏轼：腹胀如鼓？

黎族小伙：咦？先生怎么知道？

苏轼：生姜片、加大把葱白捣烂喂灌即可

【黎族姑娘和小伙先后下,苏过刚好战罢,边收拾棋子边转
头问

苏过：父亲,你什么时候还会医牛了？

苏轼：你忘了,黄冈的时候,我们借的耕牛病了,是你娘给治好的

苏过：娘？……娘的灵柩还厝于京师道院……

苏轼：等我们北归……北归（沉默半晌）

此生将安归？

【苏轼引领北望,但见海天茫茫,星月沉浮其间,潮水一浪接
着一浪,排闼而来,苏轼耳听涛声阵阵,陷入沉思

苏轼：茫茫海天,中国之于海内,恰似粒米之于太仓。

【苏过亦为眼前所震撼

苏过：潮流滚滚，俨如两军对阵。

苏轼：可两军阵前，哪由得自己？

　　　进死敌，退死法，

　　　天地之大，竟没个落脚处。

【父子二人一时无话，明月中天，海面波光粼粼，光明无际

【光明之中，佛印出现。这是佛印坐化前，与苏轼最后的对话

佛印：子瞻，既然进死敌，退死法，则何处不可落脚？

【月光弥漫，远处佛印端坐，与此前出现的率性戏谑大不同，
难得的安详

（苏轼沉思）

苏轼：何处不可落脚，何处不是歇处？

佛印：（有点调侃）子瞻，佛法在什么处？

苏轼：在行住坐卧处，着衣吃饭处……

佛印：在屙屎拉撒处，没理没会处，死活不得处。

苏轼：三世诸佛，是个有血性的汉子。

佛印：子瞻胸中有万卷书，笔下无一点尘。

苏轼：到这地位，不知性命所在，一生聪明，万卷诗书要它做什么？

佛印：子瞻若能脚下承担，把这一二十年富贵功名贱若泥土，亦是

174

个有血性的汉子。

【苏轼凛然

【光弥漫,佛印消失光中,唯有声音传来,通透、宏大

佛印:子瞻! 努力向前,珍重! 珍重!

【佛印的声音回声连绵,不绝于耳

【光弥漫,扩散至整个舞台

【远处沙滩,渐渐显现海南黎族,参差不齐的吹葱叶的声音,
黎族小孩哇啦哇啦说话的声音

【渐显,桄榔林,苏轼和几个黎族朋友聊天喝酒,一身黎族打
扮:戴藤帽,着花缦,赤脚(或当地黎族的鞋),坐在一群小孩
中间,一帮黎族小孩正围着苏轼,七嘴八舌,教他卷葱叶、吹
葱叶,背后是典型的黎族民居

【苏轼终于在小孩指点下吹响了,苏轼一边结结巴巴地吹,
小孩一边唱

小孩(合):三更儿夜

　　　　　雨星儿斜

　　　　　虫儿低回北斗歇

【苏轼乐此不疲,越吹越得心应手

175

(吹葱叶的声音为主要的音色,苏轼与众小孩轮吹、轮唱

苏轼、小孩:三更儿夜

　　　　　雨星儿斜

　　　　　虫儿低回北斗歇

小孩(合):风过了,天青了。

　　　　　天青了,云散了

　　　　　云散了,月儿出来了。

【小孩的声音,随即这群小孩纷纷跑向后区

(童声画外,白)上灯啰!

小孩:雨住风吹过

　　　风吹天青彩虹落

　　　彩虹落

　　　明月儿堕

　　　明月儿堕

　　　乘槎浮游头枕波

【后区有花灯次第升起,小孩高高兴兴地散开了。只远远地
把声音传了过来

　　　小孩:明月儿堕

乘槎浮游头枕波

……

【苏轼拄杖,起身,看着小孩消失的方向,偶有人经过,那只
大狗在苏轼身边跑来跑去

【天光一点一点地黯淡下来,唯有苏轼依旧拄杖路口,看人
往来

【远处城中灯火渐渐多了起来

【元宵,月明如昼,远处儋州灯火纷然,汉人、黎族人杂居其
间,铺面酒坊,市井小巷,安和热闹

【苏轼依然策杖月下伫立,狗卧一旁。苏过过来,扶着父亲
坐下,远观城中

苏过:这海外的上元节,一点都不亚于中原

        还记得在京师,上元节你总在宫中度过

苏轼:京师?……(苦笑)好遥远的梦

苏过:父亲辗转各地,不知有过多少不同的上元节!

【苏轼感慨《上元节》

苏轼:凤翔秉烛观摩诘

        开封夜谏花灯灭

        杭州僧侣游

        太守弯弓曾出猎

177

上元节

上元节

风雪淮河夜

黄冈寒食帖

沙湖道中风波歇

大庾岭上梅胜雪

白鹤初落成，

朝云声断魂又绝

上元节

上元节

风涛入眼儋州月

年来年去浑无别

【更声传来，邻近人家关门声，犬吠，远处灯火阑珊……

苏过：父亲，升降贬谪不定，你可曾怨过？

苏轼：世事如梦不可期，升降贬谪，倒让我行遍大江南北，见闻冠绝

  平生，有甚可怨？

苏过：(有点迷惑又明白)见闻冠绝？

苏轼：人生如逆旅，你我皆行人。

  天下九州，百姓能安和，心地能开阔，

  就算是儋州之外还有儋州，与我亦无分别。

苏过：韩退之如何说："君欲钓鱼须远去，大鱼岂肯居沮洳"？

苏轼：韩公钓鱼无所得，更欲远去。

178

殊不知，走海者未必得大鱼也。

苏过：走海者未必得大鱼？

苏轼：此处钓鱼无着，更觅开阔处，

　　　殊不知即便走至海边，

　　　也未必能实现垂钓者的梦。

　　　人生空漠，得与失只在方寸。

苏过：父亲兼佛老之长，故释然、超然、安然。

苏轼：（笑）也不全然——

　　　内心坦然、通透，

　　　无系于物、无困于心，确得益于佛老。

　　　但这读书人的担当，

　　　这颗为民为国，为人生的心，

　　　怎么也没法儿冷淡

苏过：所以哪怕这天远地远，

　　　父亲依旧勤于教农，传播医药，

　　　兴办学堂、教化黎民。

苏轼：（眯缝着眼，看着远处微明的海岸）

　　　天其以我为箕子！故遣我至海南。

　　　教化何其之重、之远！

　　　不过烛火亦可微明，

　　　我唯愿是那微弱的烛光。

【读书声起，光线变化，桄榔林中，日影斑驳

【苏轼教黎族小孩读书，黎族小孩齐声诵读，苏轼策杖一旁，

闭目倾听、微笑

【孩子的声音朗润清亮,音节闲美

孩子读书声:孟子曰:我善养吾浩然之气。

是气也,寓于寻常之中,而塞乎天地之间……

【书声琅琅,苏轼回忆起小时随父读书,声音转为幼年苏轼
苏辙童声画外音

苏辙:哥哥,父亲明日查《春秋》,如何是好?

苏轼:呀!我才读到桓庄。

苏辙:哥哥,今夜我们只好囊萤映雪了

苏轼:不用映雪,瞧,我备有蜡烛

苏辙:(从背后拿出包炒豆)娘还给了我们这个……

【陷入回忆中的苏轼不觉莞尔,学童读书的声音继续

孩子读书声:其必有不依形而立,不恃力而行,不待生而存,不随死
而亡者矣。

故在天为星辰,在地为河岳,幽则为鬼神,而明则复为
人……

【幻化成幼时苏轼苏辙俩窗前读书

苏辙：昔者曾子谓子襄曰：子好勇乎？吾尝闻大勇于夫子矣。

苏轼：自反而不缩，虽褐宽博，吾不惴焉；自反而缩，虽千万人，吾往矣。

【读书声渐消，苏轼半梦半醒，转苏过声音，苏过正与别人下棋

苏过：父亲，快来，你看这一子该怎么落？

【苏轼恍然睁眼，发现黎族学童早已散去

【苏轼观棋，落子声、鸟叫声起落，苏轼怡然、恍然，好像看见幼时的苏辙和自己。晕光，迷离

【幼时的苏轼苏辙正在读书，苏洵教导，苏洵的画外音

苏洵：轼，字子瞻，一字和仲，时年十三；

　　　轮辐盖轸，皆有职乎车，而轼独若无所为者。

　　　虽然，去轼，则吾未见其为完车也。

　　　轼乎，吾惧汝之不外饰也。

　　　辙，字子由，一字同叔，时年九岁。

　　　天下之车，莫不由辙，而言车之功者，辙不与焉。

　　　虽然，车仆马毙而患亦不及辙，

　　　是辙者，善处乎祸福之间也。

　　　辙乎，吾知免矣

轼儿，你才华外露，

希望能学习蕴藏，"若无所为"。

辙儿，你敦厚朴实，

期望你能有用于世而不必居其名。

【苏洵的形象浮现，从远处走来

【苏轼惊喜，不觉出声呼唤，起身相迎

苏轼：父亲

【人影渐渐走近，原来是吴复古，吴复古笑

吴复古：想家了？

苏轼：（笑，指周围）家？天远地阔，何处不可作家？

　　　　　咦？怒海狂潮，你怎么到得儋州？

吴复古：老夫上天入地，何处去不得？

【众人大笑，海鸟声起，众人漫步

画外音：元符三年庚辰正月初九，哲宗崩逝

　　　　徽宗即位，开始叙复元祐诸臣

【声音渐渐隐没，为更大的声音所掩盖。水鸟翻飞，海浪声

中，渐入《雁南飞》的旋律，不出现歌词

182

幕后：雁南飞

又见雁南飞

秋风白芦苇

何时归

问君何时归

一杯黄花醉

【海滩,椰林,远处海天相接,海鸟的叫声,涛声

【苏轼、吴复古、苏过漫步海滩,还有一只大狗尾随其后

【鸟叫声、涛声渐远,朝廷诏令连下,朝报中苏轼官阶不断被
提升

【朝廷诏令开始不断地传来

(画外音)：

元符三年五月,苏轼量移廉州。

元符三年八月,改舒州团练副使,量移永州。

元符三年十一月,奉朝奉郎提举成都玉局观。

……

【吴复古微笑,苏轼面色平静

苏过：父亲——

看来生活又要有变化了。

苏轼：是啊——

　　可与往日并无不同。

【三人无语,往远处走去,渐渐成为小点,涛声、海鸟叫声复起,音乐渐入,越来越大,充满天地。

　　　　　　　　　　　　　　　　　　　　【剧终】

终曲

定风波

莫听穿林打叶声，
何妨吟啸且徐行。
竹杖芒鞋轻胜马，
谁怕？
一蓑烟雨任平生。

料峭春风吹酒醒，
微冷，
山头斜照却相迎。
回首向来萧瑟处，
归去，
也无风雨也无晴。